# APRENDO A COCINAR

## 1000 TÉCNICAS Y CONSEJOS PARA COCINAR YO SOLITO

# APRENDO A COCINAR

## 1000 TÉCNICAS Y CONSEJOS PARA COCINAR YO SOLITO

·

**ILUSTRACIONES HIFUMIYO**
**FOTOGRAFÍAS NINA DAVIDSON**

# CONTENIDO

## Verduras

### Aprendo a

## Huevos

### Aprendo a

# Platos variados

## Aprendo a

# Pasta y arroz

## Aprendo a

# Fruta

## Aprendo a

# Postres

## Aprendo a

# Desayunos
# y meriendas

## Aprendo a

# ¡Sorpresas!

## Aprendo a

# Cocinar como un chef

13

# Huevos

## Aprendo a

# Hacer 10 platos con un huevo

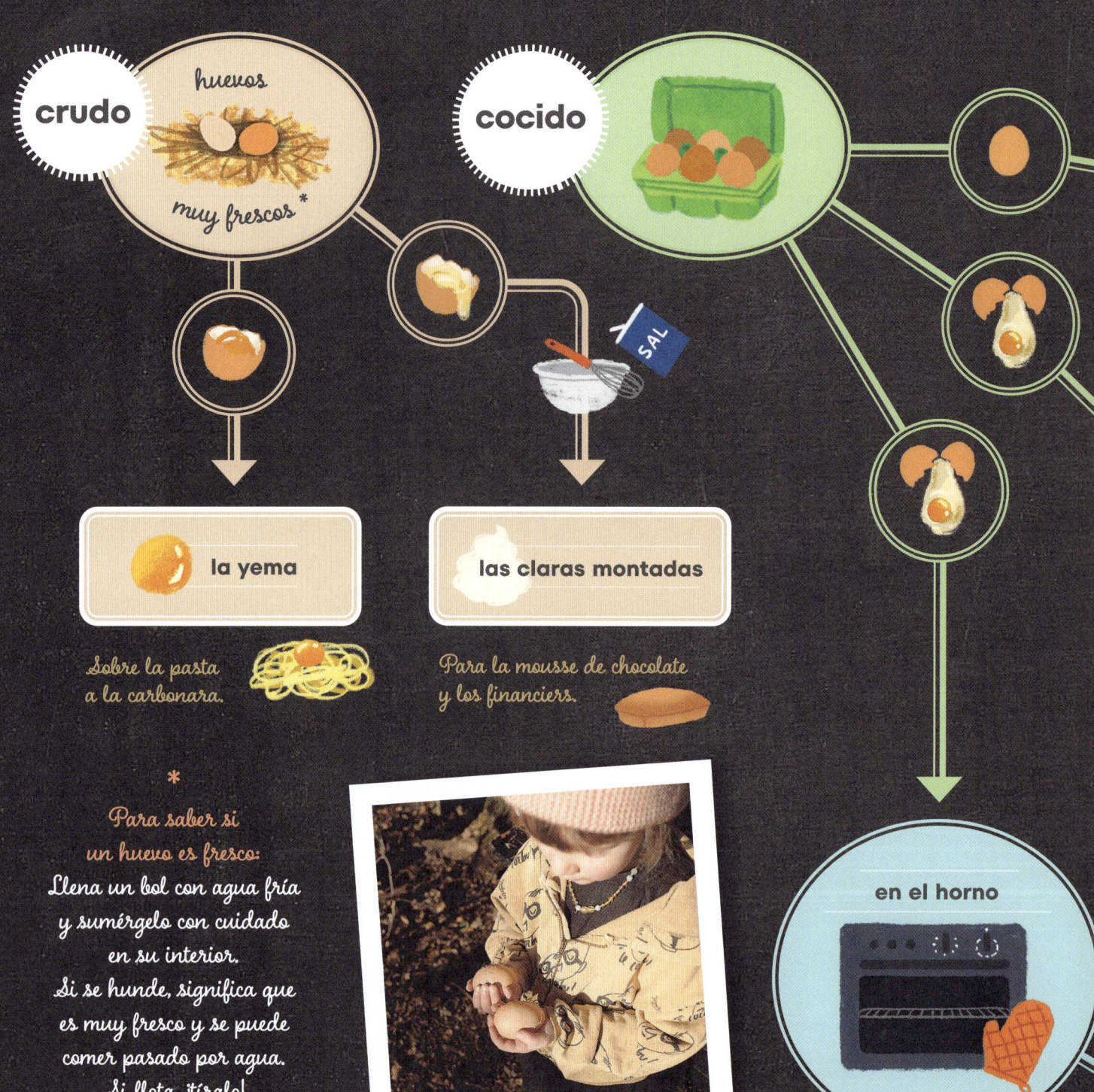

**crudo**

huevos *muy frescos* \*

**cocido**

**la yema**

Sobre la pasta a la carbonara.

**las claras montadas**

Para la mousse de chocolate y los financiers.

\*
Para saber si un huevo es fresco:
Llena un bol con agua fría y sumérgelo con cuidado en su interior.
Si se hunde, significa que es muy fresco y se puede comer pasado por agua.
Si flota, ¡tíralo!
¡Está malo!

SAL

**en el horno**

Los huevos son frágiles, manipúlalos con cuidado.

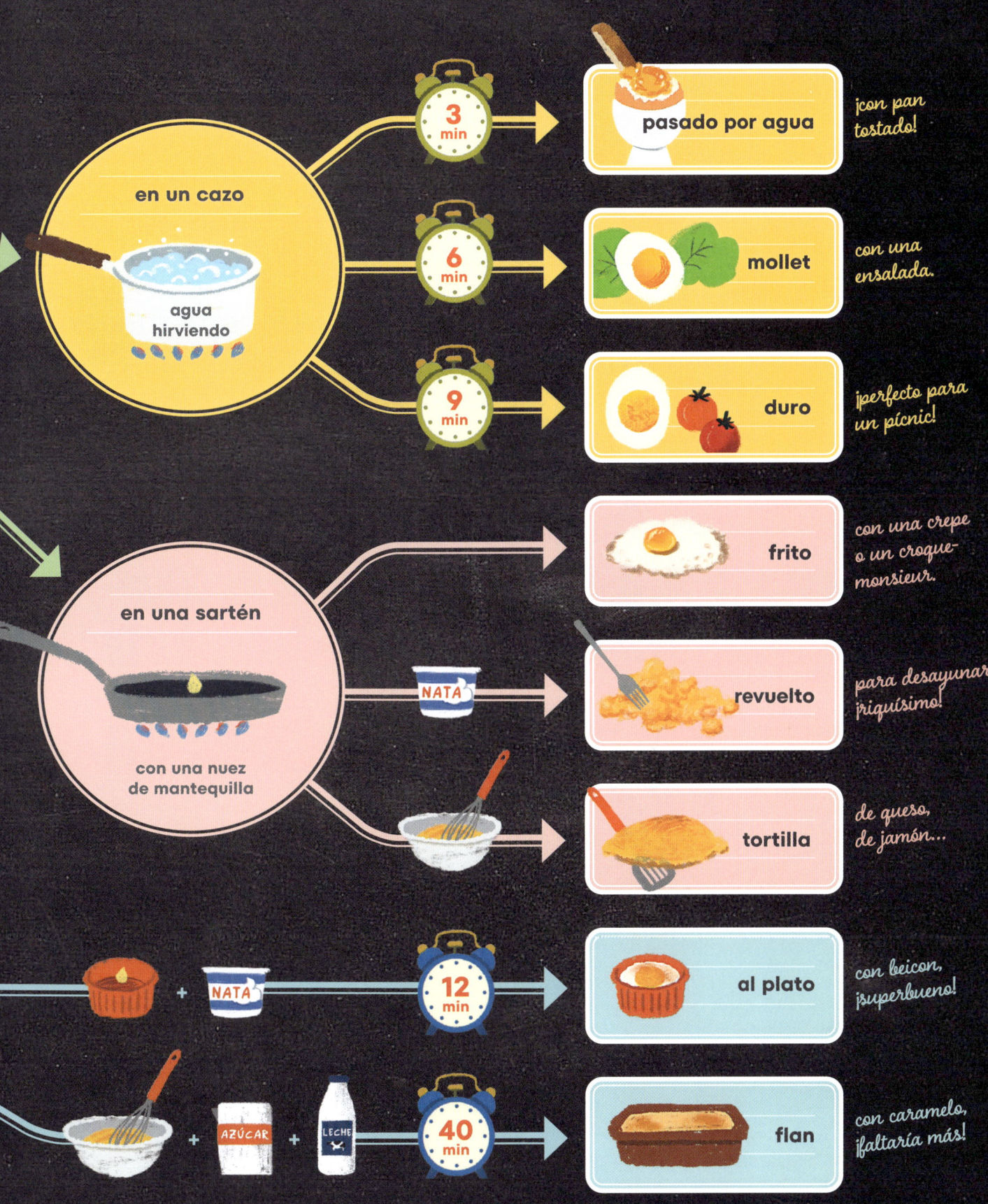

**en un cazo**

agua hirviendo

**3 min** → pasado por agua — ¡con pan tostado!

**6 min** → mollet — con una ensalada.

**9 min** → duro — ¡perfecto para un pícnic!

**en una sartén**

con una nuez de mantequilla

→ frito — con una crepe o un croque-monsieur.

NATA → revuelto — para desayunar, ¡riquísimo!

→ tortilla — de queso, de jamón...

NATA + **12 min** → al plato — con beicon, ¡superbueno!

AZÚCAR + LECHE + **40 min** → flan — con caramelo, ¡faltaría más!

**17**

# Cascar un huevo

**1** Golpea un huevo sobre un bol de borde fino o con un cuchillo.

*¡Con una abertura como esta vale!*

**2** Coloca los pulgares a ambos lados de la abertura, con las uñas enfrentadas.

¡CRAC!

**3** Separa los pulgares y presiona ligeramente el huevo para abrirlo encima del bol.

*¿Se te ha caído un trozo de cáscara? ¡Que no cunda el pánico! Acércala al borde del bol con el dedo.*

## Cómo separar las claras de las yemas

Abre el huevo con los pulgares, dejando la abertura hacia arriba.

Pasa la yema de una cáscara a la otra para que caiga la clara.

**18**

# Hacer una tortilla

huevos

sal

mantequilla

pimienta

**1** En un bol grande, casca los huevos (1 o 2 por persona).

**2** Bátelos con unas varillas o un tenedor.

**3** Añade sal y pimienta al gusto.

**4** Viértelos en una sartén caliente.

**5** Despega el borde con una espátula.

**6** Dobla la tortilla por la mitad.

**7** Pásala a un plato.

**8** Esparce cebollino o perejil.

## Tortillas variadas

En el paso **5**
añade verduras asadas,
champiñones,
queso rallado,
jamón...

## Huevos revueltos

En el paso **3**
añade nata o leche,
en el paso **5**
remuévelos
todo el rato.

# Hacer huevos...

**1** Tapa la cazuela para que el agua se caliente más rápido, pero retírala en cuanto empiece a hervir.

**2** Añade una pizca de sal o un poco de vinagre para que la cáscara no se rompa.

**3** Con una cuchara, introduce con cuidado los huevos en el agua para evitar que la cáscara se rompa.

**3** min

**4** Saca los huevos con una cuchara y colócalos en una huevera.

**5** Córtales la parte superior con un cuchillo.

**pasados por agua**
*servir calientes*

**6** min

**4** Saca los huevos con una cuchara.

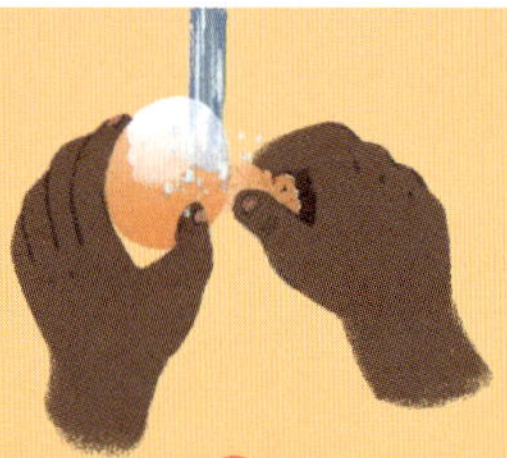

**6** Pélalos bajo un chorro de agua fría.

**mollet**
*servir calientes*

**9** min

**5** Colócalos en un recipiente con agua fría y golpea la cáscara para romperla.

**6** Pélalos con las manos o con una cuchara.

**duros**
*servir fríos*

# Hacer huevos rellenos

Cuenta
1 huevo por persona

**1** Corta el huevo.

**2** Saca las yemas con una cucharilla.

**3** Reserva una yema. Aplasta el resto con un tenedor y un poco de mayonesa (1 cdta. de mayonesa por yema).

**4** Rellena las claras con la mezcla.

**5** Esparce la yema restante por encima.

MAYONESA

# Hacer un flan

**INGREDIENTES**
*para 6 personas*

1 l de leche

5 huevos enteros y 4 yemas

150 g de azúcar

2 vainas de vainilla
(o 2 sobres de azúcar vainillado)

**Para el caramelo**

10 terrones de azúcar

❶ **Precalienta el horno a 120 °C.**

❷ **Vierte la leche en un cazo, añade la vainilla y llévala a ebullición, removiéndola constantemente. Déjala enfriar 15 min.**

## Caramelo casero

*Derrite los terrones de azúcar a fuego lento.*

*Retira el caramelo del fuego en cuanto esté líquido para que no se endurezca.*

*¡Ten cuidado! ¡Quemará mucho!*

❸ **Vierte el caramelo en una flanera.**

❹ **En un bol grande, bate los huevos con el azúcar.**

❺ **Añade la leche poco a poco, sin dejar de remover.**

**6** Vierte la mezcla sobre el caramelo cuando este se haya enfriado.

**7** Coloca la flanera en una fuente grande y añade agua hasta la mitad.

**8** Hornéalo 1 hora.

**9** Déjalo enfriar y desmóldalo. Espera a que se enfríe bien... ¡y al ataque!

# Verduras

## Aprendo a

# Distinguir las verduras de verano

espinacas

brócoli

alcachofas

escarola

espárragos

lechuga

rábanos

remolacha

hinojo

berenjenas

tomates

pepinos

pimientos

calabacines

judías verdes

guisantes

# Distinguir las verduras de invierno

canónigos

calabaza

nabos

cebollas

puerros

zanahorias

chirivías

repollo

coliflor

coles de Bruselas

endivias

apio

patatas

remolacha

31

# Pelar verduras

Lava la verdura con agua.

Sujétala con una mano. Coloca la cuchilla del pelador en la parte superior y deslízala hasta el final. Quítale la piel y repite la operación hasta pelarla entera.

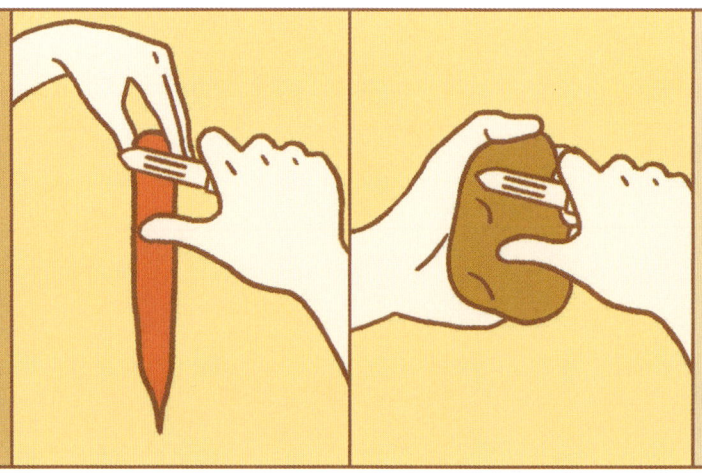

**QUITAR UN BROTE.**

Clava la punta del pelador y gíralo alrededor del brote.

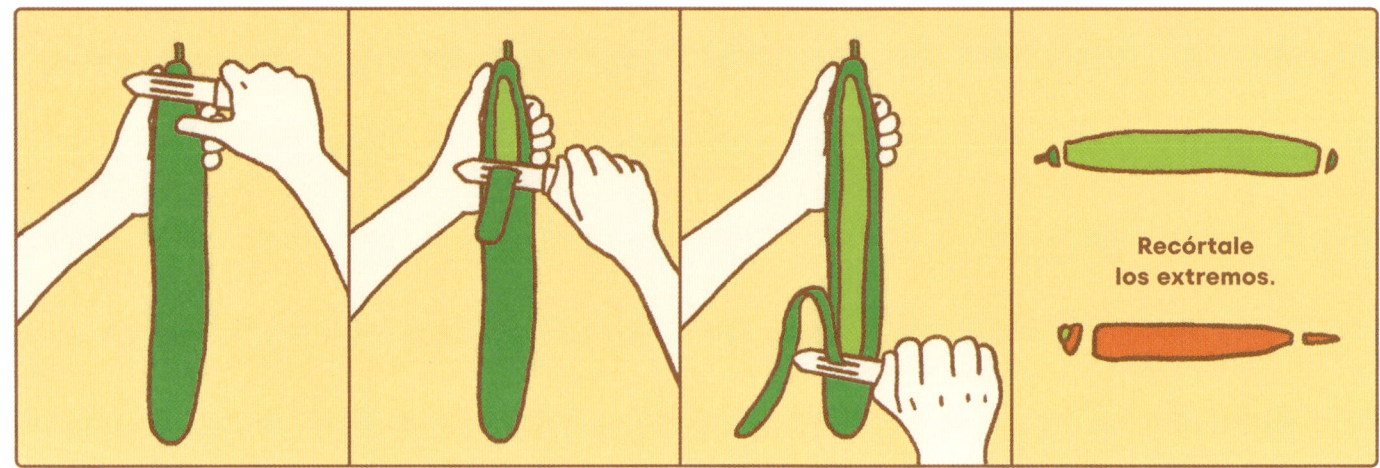

Recórtale los extremos.

## Una cebolla

**Recórtale los extremos.**

**Quítale la piel.**

**Córtala por la mitad.**

**Colócala plana, con la parte abombada hacia ti, y córtala en rodajas finas.**

**Córtala después en la otra dirección para hacer dados.**

## Un diente de ajo

**Quítale la piel.**

**Córtalo por la mitad.**

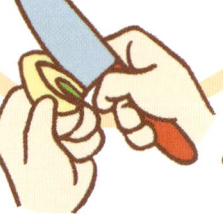

**Quítale el germen.**

**Pícalo como la cebolla.**

# Cortar verduras

## El puente

Sujeta la pieza que quieras cortar y forma un puente con el pulgar y el dedo índice. Desliza la hoja del cuchillo por debajo del puente y corta la pieza por la mitad.

## La garra

Dobla los dedos como si fueran una garra, con el pulgar hacia dentro. Coloca la mano sobre la pieza que quieras cortar. Muévela hacia atrás a medida que la cortes.

**EN BASTONES**

**EN DADOS**

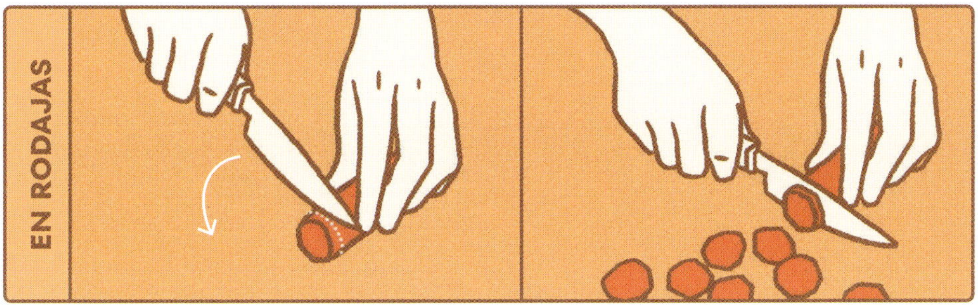

**EN RODAJAS**

¡Si las verduras son ecológicas, cuece las peladuras y prepara un caldo riquísimo!

Caldo

**33**

# Hacer una ensalada verde

Elige el tipo de lechuga que prefieras. Córtale el tallo y separa las hojas. Lávalas en el grifo con los pulgares.

Sumérgelas en agua fría, escúrrelas y sécalas en la centrifugadora.

## Preparar una vinagreta

## Cortar hierbas aromáticas

PIMIENTA  SAL

MOSTAZA  VINAGRE  ACEITE

1 cdta.  1 cda.  3 cdas.

Lava las hierbas y sécalas con papel de cocina.

Coloca las hojas (sin los tallos) en una taza o un vaso. Córtalas con unas tijeras.

Mezcla bien la vinagreta, viértela sobre la ensalada, añade las hierbas y remuévela justo antes de servirla.

# Preparar rábanos

**1** ¡Los rábanos son muy fáciles de cultivar en un jardín o incluso en el balcón! Tira con suavidad del tallo para sacarlos de la tierra.

**2** Córtales los extremos, dejándoles un poco de tallo, y sumérgelos en agua.

③ Lávalos, dos veces si es necesario, frotándolos con los dedos para quitarles la tierra. Escúrrelos.

④ Úntalos con un poco de sal. Sírvelos con tostadas con mantequilla.

Con las hojas de los rábanos, puedes:

* hacer una ensalada

* dárselas a las gallinas, ¡les encantan!

# Preparar ensaladas

zanahorias ralladas
manzana verde
nueces

vinagre balsámico + aceite de oliva

aceite de oliva + miel + curry

tomates
mozzarella
albahaca

arroz
atún
maíz
tomates
aceitunas

calabacines
canónigos
queso azul
lima
piñones

remolacha
endivias
queso feta

aceite de oliva + limón

lentejas
zanahorias
asadas
beicon

39

# Hacer guacamole

① **Corta** dos aguacates **muy maduros. Retírales el hueso con una cuchara y echa la pulpa en un bol.**

② **Aplástala con un tenedor, añade** dos pizcas de sal, pimienta **y** un chorrito de aceite de oliva.

¡Genial para llevar de pícnic!

③ **Exprime** un limón **(una lima es aún mejor). Añade unas gotas de Tabasco si te gusta que pique.**

# Hacer hummus

2 pizcas de sal

1 diente de ajo

1 limón, exprimido

1 cda. de tahini
(puré de sésamo)

1 bote de 400 g
de garbanzos
escurridos
(reserva
un poco del
líquido para
diluir el hummus).

¡Y un robot de cocina!

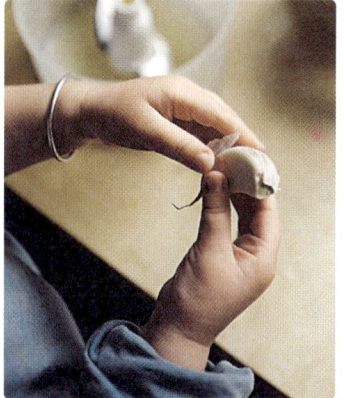

**1** Exprime el limón.

**2** Pela el diente de ajo.

**3** Añade el tahini...

**4** ... sal y zumo de limón.

**5 tritura**

en un robot
de cocina.

Si los guardas en un recipiente
hermético en el frigorífico,
el hummus y el guacamole
se conservarán una semana.

# Desgranar guisantes

1 Abre la vaina con los pulgares.

2 Desliza el pulgar por la vaina y coloca los guisantes en un colador.

3 Tira las vainas.

## Pasta con guisantes y beicon

guisantes cocidos
+ beicon frito
+ pasta + nata líquida

## Ensalada de guisantes

guisantes cocidos
+ huevo duro + zumo de limón

42

# Limpiar judías verdes

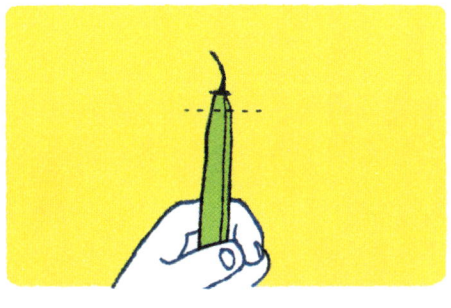

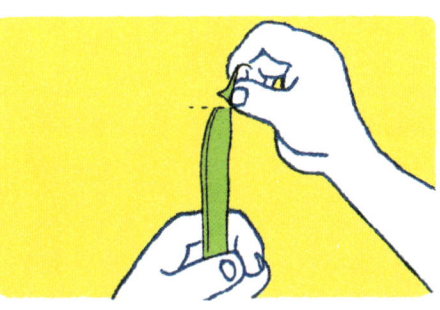

**1** Parte una de las puntas de la judía con el pulgar y el índice.

**2** Dale la vuelta y haz lo mismo.

**3** Tira las puntas.

## Judías verdes con vinagreta

judías verdes cocidas
+ vinagreta de mostaza

## Chips de judías verdes

judías verdes salteadas
+ ajo + aceite

**43**

# Hacer cremas de verduras

## 1 Prepara las verduras

Lava, pela y trocea las verduras. En una cazuela, cubre las verduras con agua y añade una pizca de sal gorda. Cuécelas 30 min como mínimo.

## 2 Añade sabor

Aromatiza la crema con una cebolla, unas especias o una hoja de laurel (recuerda retirarla antes de triturar las verduras).

## 3 Tritura

Pincha las verduras con un tenedor para comprobar que están blandas. Si lo están, retira la cazuela del fuego.

Coloca la batidora en posición vertical antes de encenderla.

## 4 Toque gourmet

Sirve la crema en un bol o un plato hondo y añádele beicon, nueces o picatostes para darle un delicioso toque final.

1 Verduras — Patatas

1 Verduras — Puerros

1 Verduras — Zanahorias

2 Sabor — Apio

4 Toque gourmet — Beicon frito

Crema amarilla

¡Te toca elegir!

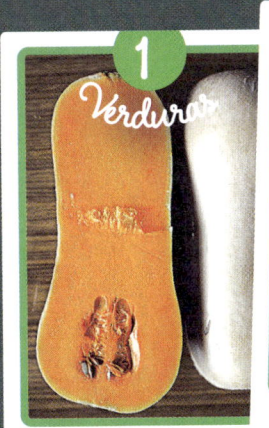

**1** *Verduras*

**Calabaza**

**1** *Verduras*

**Zanahorias**

**2** *Sabor*

**Laurel**

**4** *Toque gourmet*

**Nueces**

*Crema naranja*

**1** *Verduras*

**Patatas**

**1** *Verduras*

**Remolacha**

**2** *Sabor*

**Jengibre**

**4** *Toque gourmet*

**Crema de coco**

*Crema rosa*

**1** *Verduras*

**Calabacines**

**1** *Verduras*

**Guisantes**

**2** *Sabor*

**Cebolla**

**4** *Toque gourmet*

**Menta fresca**

*Crema verde*

# Asar verduras

**1** Lava las verduras, pélalas si es necesario y córtalas en dados.

**2** Extiéndelas en una bandeja de horno y añade aceite de oliva, sal y pimienta. Aromatízalas con ajo o especias.

**3** Ásalas en el horno a 180 °C 40 min, removiéndolas de vez en cuando.

## Popurrí de colores

Mezcla la calabaza, el pimiento, el calabacín y el brócoli en la misma fuente.

## Tomates secos

Rocía los tomates cortados en cuartos con aceite y hornéalos 1 hora a 120 °C.

## Berenjenas asadas

Corta las berenjenas en rodajas y colócalas planas en la bandeja. Úntalas con aceite de oliva y condimenta con sal gorda. Hornéalas 30 min a 180 °C.

Sírvelas calientes, con pasta, o frías, en una ensalada mixta.

# Hacer patatas asadas

**Lava las patatas y córtalas en tiras gruesas.**

**Colócalas en una bandeja de horno y rocíalas con aceite de oliva, sal y hierbas provenzales. Hornéalas 30-40 min a 200 °C.**

*Haz tu propio cono (p. 159)*

*¡Crujientes y blanditas!*

# Platos variados

## Aprendo a

# Hacer puré de patata

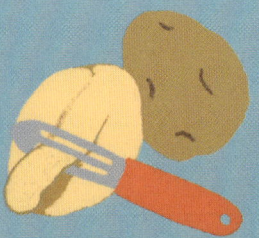

**1** **Pela las** patatas **y lávalas**.

**2** **Ponlas en una cazuela con agua y añade una pizca de sal gorda. Cuécelas unos 20 min.**

**3** **Comprueba si están hechas con un tenedor: si se hunde, están listas.**

**4** **Escúrrelas en un colador.**

**5** **Aplástalas con un tenedor o un pasapurés.**

**6** **Añade** 2 nueces grandes de mantequilla.

**7** **Vierte** un poco de leche **sin dejar de aplastarlas.**

**8** **Salpimienta.**

# Hacer tortitas de patata

Esta especialidad escocesa se toma para desayunar.

❶ **Mezcla** 500 g de puré de patata con 125 g de harina.

❷ **Sobre una superficie enharinada, aplasta la masa hasta obtener un círculo de 4 cm de grosor.**

❸ **Córtalo en triángulos.**

❹ **Fríelos en una sartén con mantequilla por ambos lados.**

❺ **Acompáñalos con un huevo frito y una loncha de beicon crujiente.**

# Hacer patatas gratinadas

Precalienta el horno a  . Pela las  . Lávalas y  -las en rodajas finas. Frota la  con un  de ajo pelado. Úntala con  . Coloca una capa de  . Recúbrelas de  . Añade  ,  ,  moscada rallada y  . Repite la operación y añade  +  +  +  +  +  hasta que la fuente esté llena. Vierte un poco de  y hornea  .

# Hacer un pastel de carne

**54**

### INGREDIENTES
*para 6 personas*

500 g de puré de patata

2 puñados de queso rallado

**Para el relleno de ternera**

500 g de carne picada

3 zanahorias

10 champiñones

1 tallo de apio

1 cebolla

2 dientes de ajo

1 lata de tomate concentrado

200 ml de caldo vegetal

**❶ Pela las verduras. Córtalas en dados y colócalas en una olla.**

**2** Sofríelas con un poco de aceite y el caldo 15 min. Añade la carne picada y remuévelo.

**3** Cuando la carne esté hecha, vierte el caldo restante, añade el tomate y cuécelo a fuego lento.

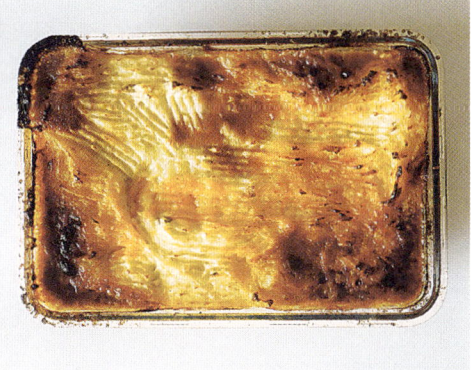

**4** Reparte la carne en la fuente. Cúbrela con abundante puré de patata y esparce el queso rallado. Gratina el pastel en el horno 20 min a 180 °C.

# Empanar pollo

¡o pescado!

Cuenta 1 filete de pollo
o pescado por persona.

❶ Corta los filetes
en trozos grandes.

❷ Pasa un trozo de pollo
por un bol con harina.

❸ Sumérgelo en otro
con huevo batido.

❹ Pásalo por un tercero
para rebozarlo con
pan rallado.

❺ ¡Listo para freír!
Repite la operación con
todos los trozos.

❻ Colócalos en una sartén
con aceite caliente
y dóralos por ambos lados.
¡Sírvelos calientes
con un chorrito de limón!

# Hacer pollo en salsa

Cuenta
1 filete de pollo
por persona.

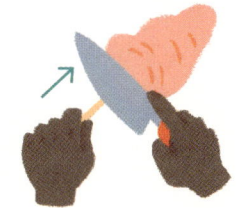

**1** Retira el tendón
con un cuchillo.

**2** Corta el filete
en dados grandes.

**3** Vierte
un chorrito
de aceite
en una sartén
caliente.

**4** Dora los
trozos y sala.

**5** Dales la vuelta
con una espátula.
Baja el fuego antes
de añadir la salsa.

## Curry

Espolvorea con curry
y vierte 200 ml de nata
o leche de coco.

**Deja cocer
unos minutos.**

¡Acompáñalo
con arroz!

## Teriyaki

**Para 1 pechuga de pollo:
mezcla en un bol**
2 cdas. de
salsa de soja
+ 2 cdas. de miel
+ 2 cdas. de agua.

**Viértelo sobre
el pollo y dóralo.**

## Mafé

**Añade** una lata de
tomate entero pelado
+ 2 cdas. de crema
de cacahuete.

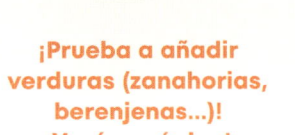

¡Prueba a añadir
verduras (zanahorias,
berenjenas...)!
¡Verás qué rico!

## Mostaza

**Vierte** un brik
de nata líquida
+ 2 cdas. de mostaza
a la antigua.

Con tallarines,
mmm...

# Hacer un relleno vegetal

**INGREDIENTES**

*para 10 verduras rellenas*

2 calabacines

1 zanahoria

1 cebolla

1 tallo de apio

2 dientes de ajo

2 huevos

1 bol de pan rallado

**❶ Pela y ralla las zanahorias y los calabacines. Pica finos la cebolla, el apio y el ajo. Ponlos en una cazuela grande.**

**❷ Salpimienta, añade hierbas provenzales y un poco de aceite de oliva.**

**❸ Sofríelo unos 30 min, tapado. Remuévelo de vez en cuando.**

**❹ Cuando esté hecho, añade dos huevos y esparce el pan rallado. Si lo prefieres, puedes sustituir el pan rallado por arroz cocido.**

**58**

# Hacer verduras rellenas

① **Corta la parte superior de las verduras y no las peles. Vacíalas con una cuchara. Retira las semillas. Ponlas en una fuente de horno.**

Elige una fuente mediana para que las verduras se mantengan rectas y bien apretaditas.

Puedes rellenar calabacines largos o redondos, berenjenas, tomates, champiñones, cebollitas...

② **Rellena las verduras.**

③ **Esparce el pan rallado y hornea 45 min a 200 °C.**

¡Que aproveche!

# Hacer verduras asadas

2 + 2 + 1 + 1 + ACEITE

Coloca una primera fila de rodajas de berenjena,

luego una de calabacines, bien apretados,

después de tomates.

Repite la operación hasta que la fuente esté llena.

Espolvorea con ajo picado, sal, pimienta y hierbas provenzales. Rocíalo con aceite de oliva.

Hornéalo 45 min a 180 °C.

Con estos mismos ingredientes, puedes hacer **pisto**

Rehógalos a fuego lento, removiéndolos de vez en cuando.

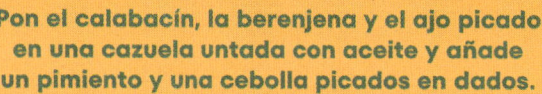

Pon el calabacín, la berenjena y el ajo picado en una cazuela untada con aceite y añade un pimiento y una cebolla picados en dados.

Para terminar, añade los tomates y la albahaca y deja cocer unos minutos.

# Hacer pescado en papillote

¡MIRA QUE BACALAO HE COMPRADO!

¡GENIAL! ¿LO HACEMOS EN PAPILLOTE?

COLOCA UN FILETE EN UNA HOJA DE PAPEL DE HORNO Y CÚBRELO CON LOS INGREDIENTES QUE PREFIERAS:

VERDURAS CORTADAS EN RODAJAS FINAS

ENELDO, CEBOLLINO, TOMILLO....

CONDIMENTOS

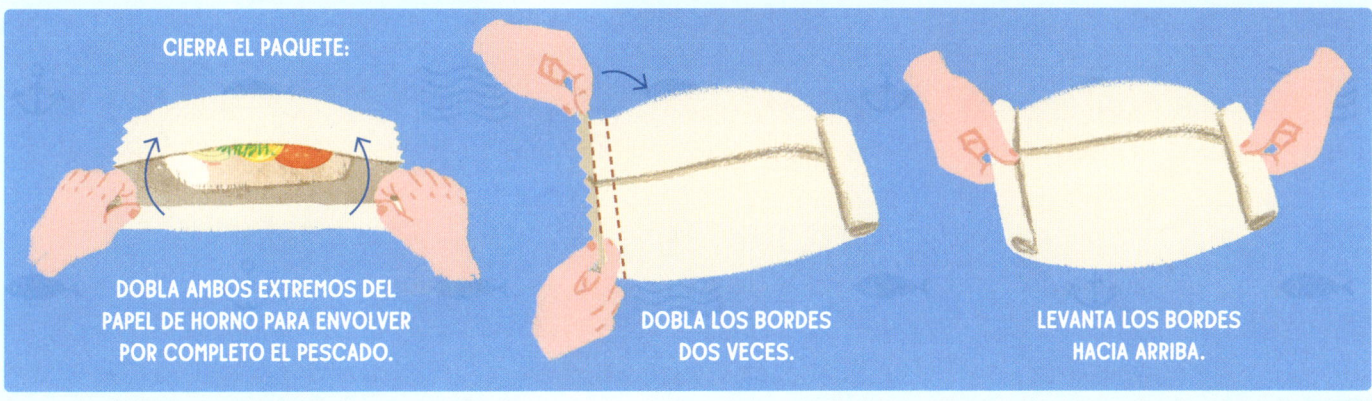

CIERRA EL PAQUETE:

DOBLA AMBOS EXTREMOS DEL PAPEL DE HORNO PARA ENVOLVER POR COMPLETO EL PESCADO.

DOBLA LOS BORDES DOS VECES.

LEVANTA LOS BORDES HACIA ARRIBA.

COLOCA EL PAPILLOTE EN UNA FUENTE Y HORNÉALO 45 MIN A 180 °C.

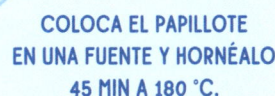

¡CUIDADO! ¡ÁBRELO DESPACIO! ¡EL VAPOR QUE SALDRÁ ESTARÁ MUY CALIENTE Y TE PUEDES QUEMAR!

¡EN INDONESIA LOS HACEMOS CON HOJAS DE PLÁTANO!

# Hacer tabulé

aceitunas

pimiento

2 o 3 vasos de sémola fina

calabacín

cebolla roja

limón

aceite de oliva

pepinos

menta fresca

cebollino o perejil

① Cubre la sémola con agua hirviendo.

② Tápala y deja que se hinche durante unos minutos.

③ Suelta los granos con un tenedor y deja que se enfríe.

④ Lava las verduras y córtalas en dados. Ponlas en una ensaladera con las aceitunas.

**5** Vierte el zumo de un limón
y un chorrito de aceite de oliva.

**6** Añade la sémola y las hierbas
picadas.

**7** Remuévelo y deja que se enfríe
antes de servir.

# Hacer un croque-monsieur

## ①

Coloca las rebanadas de pan de molde **en una bandeja de horno (2 rebanadas por sándwich) y úntalas con** nata espesa.

## ②

**Esparce el** queso rallado **en una de las mitades de las rebanadas**.

## ④

**Cierra el sándwich con la otra rebanada de pan de molde. Cúbrelo de nuevo con nata y queso rallado.**

## ⑤

**Gratínalos en el horno 20 min a 200 °C.**

# y un croque-madame

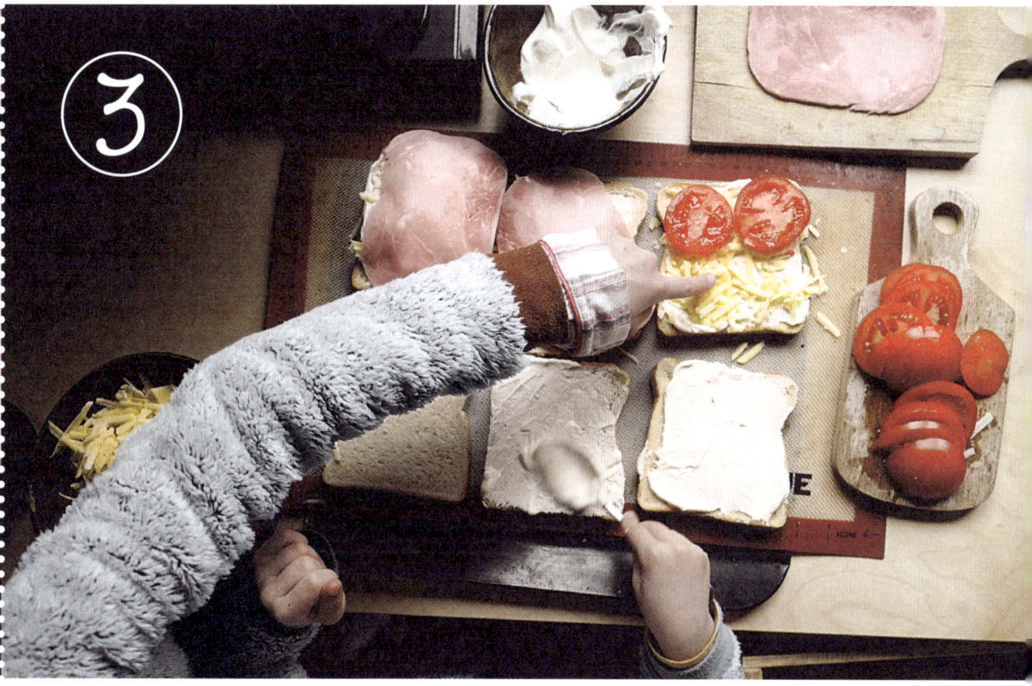

③

Reparte las rodajas de tomate y coloca encima una loncha de jamón.

⑥

Para hacer un croque-madame, añade un huevo frito cuando los saques del horno.

# Hacer pizzas

INGREDIENTES
*para la masa de 2 pizzas*

| |
|---|
| 225 g de harina |
| 1 sobre de levadura |
| 2 cdas. de aceite de oliva |
| 150 ml de agua templada |

**1** Mezcla la harina con la levadura. Forma un volcán y vierte el aceite y la mitad del agua dentro. Remueve y añade agua hasta obtener una pasta fina.

**2** Enharina una superficie de trabajo y amasa la mezcla. Aplástala con la palma de la mano. Dobla la masa hacia ti y repite la operación hasta que esté muy elástica.

**3** Déjala reposar 1 hora a temperatura ambiente.

**4** Unta dos bandejas de horno con aceite.

**5** Corta la masa por la mitad para hacer dos bolas.

**6** Estíralas hasta obtener dos círculos grandes y colócalos en las bandejas.

MARGARITA

4 ESTACIONES

NAPOLITANA

REINA

4 QUESOS

BLANCA

# CHEZ GINO

## MARGARITA
tomate, mozzarella, albahaca

## 4 ESTACIONES
tomate, alcachofas, pimientos, calabacín, berenjenas

## REINA
tomate, mozzarella, jamón, champiñones

## 4 QUESOS
tomate, gorgonzola, mozzarella parmesano, ricotta

## BLANCA
ricotta, calabacín, piñones, rúcula

## NAPOLITANA
tomate, anchoas, alcaparras, mozzarella, orégano

**7** Haz tu pizza con lo que más te guste o elige una de estas deliciosas combinaciones.

# Hacer masa quebrada

¡NOOOOO! ¡SE ME HA OLVIDADO COMPRAR LA MASA QUEBRADA PARA LA QUICHE!

¡SI TIENES ESTOS INGREDIENTES, PODEMOS HACERLA AHORA MISMO! ¡VERÁS QUÉ FÁCIL!

100 G

MANTEQUILLA

SAL

5 G

¡UF! ¡TENGO DE TODO!

200 G

100 ML

PONGO LA HARINA EN UN BOL Y AÑADO LA MANTEQUILLA CORTADA EN DADOS PEQUEÑOS.

DESMENUZO LA MANTEQUILLA CON LA PUNTA DE LOS DEDOS Y LA MEZCLO CON LA HARINA PARA OBTENER UNA MEZCLA ARENOSA.

HAGO UN VOLCÁN EN EL CENTRO Y VIERTO LA MITAD DEL AGUA. LO MEZCLO RÁPIDAMENTE Y AÑADO AGUA HASTA OBTENER UNA PASTA.

HAGO UNA BOLA, NO LA AMASO MUCHO...

Y LA DEJO ENFRIAR 30 MIN.

APLASTO LA BOLA CON LA PALMA DE LA MANO SOBRE UNA SUPERFICIE ENHARINADA

ENHARINO EL RODILLO Y LA EXTIENDO.

LA MASA DEBE SER LIGERAMENTE MÁS GRANDE QUE EL MOLDE.

LA LEVANTO CON EL RODILLO Y LA COLOCO EN EL MOLDE UNTADO CON MANTEQUILLA.

CON UN TENEDOR, PINCHO LA BASE.

COLOCO LOS INGREDIENTES POR ENCIMA Y HORNEO UNOS 30-40 MIN A 180 °C.

# Hacer una quiche

## QUICHE LORRAINE

TIRAS DE BEICON FRITAS
QUESO RALLADO
2 HUEVOS BATIDOS + 1 BRIK DE NATA LIQUIDA
+ 1 O 2 VASOS DE LECHE

## QUICHE DE QUESO Y ESPINACAS

ESPINACAS REHOGADAS (BIEN ESCURRIDAS)
RULO DE QUESO DE CABRA EN RODAJAS
2 HUEVOS BATIDOS + 1 BRIK DE NATA LÍQUIDA
+ 1 O 2 VASOS DE LECHE

## QUICHE DE TOMATE

MOSTAZA SOBRE LA BASE
TOMATES EN RODAJAS
QUESO RALLADO O MOZZARELLA
HIERBAS PROVENZALES

# Hacer bagels

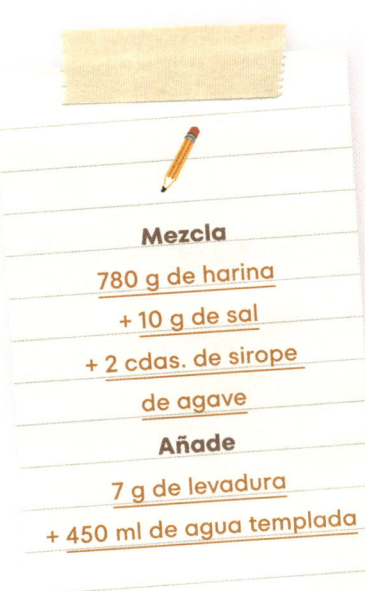

**Mezcla**

780 g de harina

+ 10 g de sal

+ 2 cdas. de sirope de agave

**Añade**

7 g de levadura

+ 450 ml de agua templada

❶ Amasa la mezcla y déjala que suba 1 hora.

❷ Divide la masa en 10 bolas.

❹ Agranda los agujeros haciendo girar los dedos en su interior.

❺ Deja que suba 30 min.

❻ Sumerge los bagels en el agua hirviendo 1 min por cada lado.

3 **Hazles un agujero en el centro.**

7 **Hornéalos 20 min a 220 °C.**

*¡Llévate los bagels de pícnic!*
*¡Úntalos con queso fresco, mantequilla o incluso mermelada!*

*Queso fresco + pepino*
*+ nueces + tomate + lechuga*

o

*Hummus + pepino*
*+ lechuga + tomate*

*Queso fresco + aguacate*
*+ salmón ahumado*

# Preparar un pícnic

Un termo con sopa
en invierno.

Una botella
de agua fría.

Fruta fresca.

Sándwiches,
bagels,
quiches
o pizzas.

Sal para
los huevos
duros
y los
tomates.

SAL

Queso
en dados.

Verduras y
legumbres (tomates,
palitos de pepino
y de zanahoria).

Servilletas y, si hay
ensalada, cubiertos
y platos.

Galletas, onzas
de chocolate.

Bolsa de basura
para llevarnos
los desperdicios
a casa.

En verano...

... y en invierno.

UN CUCHILLO
ENVUELTO CON
UNA SERVILLETA.

UNA MANTA PARA SENTARTE
Y DEJAR TUS COSAS.

COLOCA
LO QUE MÁS
PESE ABAJO:
TÁPERS, TERMOS...

Y LO MÁS FRÁGIL
ARRIBA:
PATATAS FRITAS,
GALLETAS, FRUTA...

Envuelve los sándwiches
con papel de aluminio.

Huevos duros
sin pelar.

Guarda los palitos de verduras
en tarros, con la salsa en el fondo.

Patatas
fritas

UN TRUCO
METE LA BOTELLA
DE AGUA EN EL
FRIGORÍFICO
ANTES DE SALIR;
¡MANTENDRÁ TODO
FRESCO DURANTE
MÁS TIEMPO!

LAS SERVILLETAS
Y LA BOLSA DE BASURA
ABAJO DEL TODO.

LOS SÁNDWICHES
EN EL CENTRO,
BIEN ENVUELTOS.

**73**

# Pasta y arroz

## Aprendo a

# Cocer pasta

*rotini*

*orzi*

*rigatoni*

*castellane*

*gemelli*

*conchas*

*campanelle*

*rotelle*

*ditalini*

*espirales*

*cavatappi*

*orecchiette*

*pipe rigate*

*casarecce*

❶ LLEVA UNA CAZUELA CON MUCHA AGUA A EBULLICIÓN.

¡NO LA LLENES DEL TODO PARA EVITAR QUE SE SALGA!

❷ AÑADE UNA PIZCA DE SAL GORDA.

SAL GORDA

❸ CUANDO HIERVA, AÑADE LA PASTA Y SIGUE EL TIEMPO DE COCCIÓN INDICADO EN EL PAQUETE.

Penne
12 min.

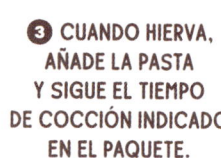

❺ PINCHA UN TROCITO DE PASTA CON UN TENEDOR Y PRUÉBALO. ¡CUIDADO! ¡NO TE QUEMES! SI ESTÁ HECHA, ESCURRE LA PASTA EN UN COLADOR ENCIMA DEL FREGADERO.

❹ REMUÉVELA DE VEZ EN CUANDO PARA QUE NO SE PEGUE.

*UN TRUCO*
Si no tienes un escurridor, sujeta la tapa de la cazuela y vacía el agua.

*plumas*

*coquillette*

*raviolis*

*gemelli*

*tallarines*

*lazos*

*rotelle*

linguine (espaguetis planos)

cabello de ángel (espaguetis finos)

madaldas

fusilli lunghi

casarecce

**6** VUELVE A ECHAR LA PASTA EN LA CAZUELA Y AÑADE UN CHORRITO DE ACEITE DE OLIVA.

ACEITE

PARA SABER
LA CANTIDAD
DE ESPAGUETIS
QUE NECESITAS,
HAZ UN FAJO Y COLÓCALO
SOBRE EL CÍRCULO,
SEGÚN LOS QUE VAYÁIS
A COMER.

PARA 1

*

**Al dente**
Los italianos cocinan
la pasta al dente, es decir,
cocida, pero firme.

*

**La spadellata**
¡Dale el toque maestro!
Una vez cocida,
rehógala con
la salsa un minuto.
Sabrá mejor
y la pasta
estará caliente.

PARA 2

PARA 3

PARA 4

**7** CONDIMENTA LA PASTA CON LO QUE PREFIERAS:
SALSA DE TOMATE, VERDURAS ASADAS, QUESO RALLADO, JAMÓN...

lazos

rigatoni

pipe rigate

spighe

orzi

rotini

cavatappi

espirales

trofie

ditalini

orecchiette

macarrones

conchiglioni

conchas

# MENÚ

# NUESTRA PASTA ITALIANA
PARA 4 PERSONAS

## LINGUINE CON PESTO

**Piñones - Albahaca - Parmesano - Ajo - Aceite de oliva**

Mezcla 1 diente de ajo + 40 g de piñones + 25 hojas de albahaca.
Añade 40 g de parmesano rallado y 4 cdas. de aceite de oliva. Salpimienta.

## TAGLIATELLE ALLA CARBONARA

**Panceta - Parmesano - Huevos - Pimienta**

Dora 200 g de panceta. Bate 2 huevos enteros + 2 yemas
hasta obtener una espuma. Añade 100 g de parmesano rallado y pimienta.
Escurre la pasta y reserva un vaso del agua de cocción. Vierte todos los ingredientes
sobre la pasta cocida y remuévela bien. Sobre todo, no la vuelvas a colocar
en el fuego para evitar que los huevos se hagan.

## PENNE AL POMODORO

**Tomates - Albahaca - Aceite de oliva - Ajo**

Sofríe en una sartén con aceite de oliva 2 dientes de ajo picados.
Añade 1 lata de 400 g de tomate triturado + 1 cdta. de azúcar. Cuece el tomate a fuego lento
30 min. Pica unas hojas de albahaca y añádelas a la salsa con un chorrito de aceite de oliva.
Sírvela enseguida sobre la pasta escurrida.

## SPAGHETTI ALLA BOLOGNESE

**Ternera - Tomate - Zanahoria - Ajo - Cebolla - Romero**

Dora 1 zanahoria, 1 diente de ajo y 1 cebolla picados. Añade 300 g de carne picada.
Cuando la carne esté hecha, agrega 500 g de salsa de tomate y un vasito de agua.
Cuécelo a fuego lento 30 min y aromatízalo con romero.

¿SABÍAS QUE...?

EN ITALIA, LA PASTA SE SIRVE COMO *PRIMI PIATI*, ES DECIR, ENTRANTE.

# Hacer pasta en una sola olla

1/2 cda. de sal

250 g de plumas

200 ml de nata espesa

1 cebolla y 1 diente de ajo picados

200 g de beicon ahumado en tiras

200 g de queso azul

1/2 manojo de perejil

750 ml de agua

**Pon todo en una cazuela grande. Cuécelo de 15 a 20 min a fuego medio, removiéndolo de vez en cuando. Cuando queden 2 cm de líquido en el fondo, retíralo del fuego... ¡y a comer!**

# Hacer pasta fresca

## ¡Masa para pasta!

**Añade** 200 g de harina y **casca** 2 huevos.

**Mójate las manos y amasa hasta obtener una pasta.**

**Amasa la bola 10-15 min hasta que esté blanda y elástica. Déjala reposar 1 hora.**

**¡Utiliza verduras en polvo o tinta de calamar para colorear la pasta!**

❶ Toma la mitad de la bola de masa, aplástala con las manos y pásala por la laminadora.

❹ Con un cortador de pasta, haz la forma que desees: en tiras para los tallarines y en cuadrados para los lazos.

**2** Dobla la lámina por la mitad a lo ancho y pásala de nuevo por la laminadora.

**3** Repite la operación hasta obtener una tira larga y muy fina. Colócala sobre una superficie enharinada.

**5** Aprieta el centro de cada cuadrado con los dedos para formar lacitos (¡o mariposas!).

**6** Cuece la pasta en agua hirviendo con sal durante unos minutos.

81

# Hacer raviolis

**INGREDIENTES**
*para 4 personas*

**Para la masa**

200 g de harina

2 huevos

**Para el relleno**

Relleno de verduras (p. 58)

Extiende 2 tiras de masa.
Coloca cucharadas del relleno,
bien separadas entre sí,
sobre una de ellas.

Coloca la otra
tira encima.

82

**Aprieta la masa alrededor del relleno para que se pegue.**

**Recorta los raviolis con un cortapastas o un cortador de pasta, dejando un borde alrededor del relleno.**

**Forma otra tira con los recortes de masa.**

**Extiende los raviolis sobre una superficie enharinada mientras preparas los demás.**

**Sumerge los raviolis en agua hirviendo 3 min. Retíralos con una espumadera.**

Espinacas, ricotta

Setas salteadas

¡Prepara el relleno antes de rellenar los raviolis!

Salmón

Carne picada

# Hacer lasaña

*Para 4 o 6 personas*

## 1. PREPARA EL RELLENO

**Carne picada con salsa de tomate (p. 54)**

**Salmón troceado**

**Verduras asadas (p. 46)**

**Espinacas, ricotta**

## 2. HAZ LA BESAMEL

**Derrite** 40 g de mantequilla **en un cazo a fuego lento.**

**Añade** 40 g de harina **y mézclalo bien. Deja la salsa al fuego 1 minuto.**

**Vierte** 500 ml de leche **poco a poco, removiéndola con unas varillas.**

**Remuévela hasta que espese. Añade** sal, pimienta **y** nuez moscada.

# 3. MONTA LA LASAÑA

12 placas para lasaña
1 fuente de borde alto

25 cm

20 cm

Extiende una capa fina del relleno
en una fuente de horno.

Añade una capa fina
de besamel.

Coloca encima las placas para
lasaña, rompiéndolas en trozos si es
necesario, para cubrir toda la fuente.

Continúa alternando el relleno,
la besamel y la pasta.

Termina con una capa de besamel.
Esparce el parmesano rallado.

Hornea 35 min a 180 °C,
hasta que se dore bien.

85

# Cocer arroz

NO HAY NADA COMO UN BUEN PLATO DE ARROZ...

## ¡Existen diversas variedades de arroz!

Arroz basmati, arroz largo, arroz tailandés, arroz de Camargue, arroz integral, arroz negro... Tómalos con salsa o en ensalada.

Arroz para risotto

Arroz japonés: para sushis, makis y onigiris.

Arroz redondo: para postres.

---

**LAVA EL ARROZ EN UN BOL, REMOVIÉNDOLO CON LOS DEDOS.**

**PARA QUE ESTÉ MÁS BLANDO, DÉJALO EN REMOJO 30 MIN.**

 zzz...

30 min

**ESCÚRRELO ¡Y LISTO PARA COCER!**

---

## ESTILO CRIOLLO
### OBTENDRÁS UN ARROZ MUY SUELTO

*Perfecto con pollo, pisto, curry, etc.*

VIERTE EL ARROZ EN EL AGUA HIRVIENDO CON SAL.
1 TAZA DE ARROZ = 4-5 TAZAS DE AGUA

PONTE GUANTES PARA LEVANTAR LA CAZUELA Y ESCURRIR EL ARROZ.

SIGUE EL TIEMPO DE COCCIÓN INDICADO EN EL PAQUETE (UNOS 10-15 MIN). REMUÉVELO DE VEZ EN CUANDO.

DÉJALO REPOSAR 5 MIN EN LA CAZUELA, TAPADO.

## ESTILO ASIÁTICO
### OBTENDRÁS UN ARROZ PEGAJOSO Y GLUTINOSO

*¡Perfecto para sushis y makis!*

VIERTE EL ARROZ Y EL AGUA FRÍA EN UNA CAZUELA.
1 TAZA DE ARROZ = 1-2 TAZAS DE AGUA

CUÉCELO A FUEGO LENTO UNOS 8-10 MIN, HASTA QUE SE HAYA EVAPORADO TODA EL AGUA.

LLÉVALO A EBULLICIÓN A FUEGO VIVO, TAPADO. CUANDO EMPIECE A HERVIR, BAJA EL FUEGO.

REMUÉVELO CON CUIDADO. TÁPALO DE NUEVO Y DÉJALO REPOSAR 5 MIN.

# Hacer onigiris

En japonés, un onigiri es una «bola de arroz» y puede contener todo tipo de ingredientes: atún, pepino, aguacate, queso... ¡Es su equivalente a nuestros bocadillos! Fáciles de transportar, son perfectos para llevar de picnic.

LLENA UN BOL PEQUEÑO HASTA LA MITAD CON ARROZ Y CHÁFALO CON EL DORSO DE LA CUCHARA. HAZ UN AGUJERO E INTRODUCE EL RELLENO QUE PREFIERAS.

MÓJATE LAS MANOS Y CÚBRELAS CON UN POCO DE SAL.

VIERTE EL ARROZ EN UNA MANO.

PRESIONA EL ARROZ CON LA OTRA MANO FORMANDO UN TRIÁNGULO O UNA MONTAÑA.

DALE LA VUELTA A LA BOLA Y APRIÉTALA DE NUEVO.

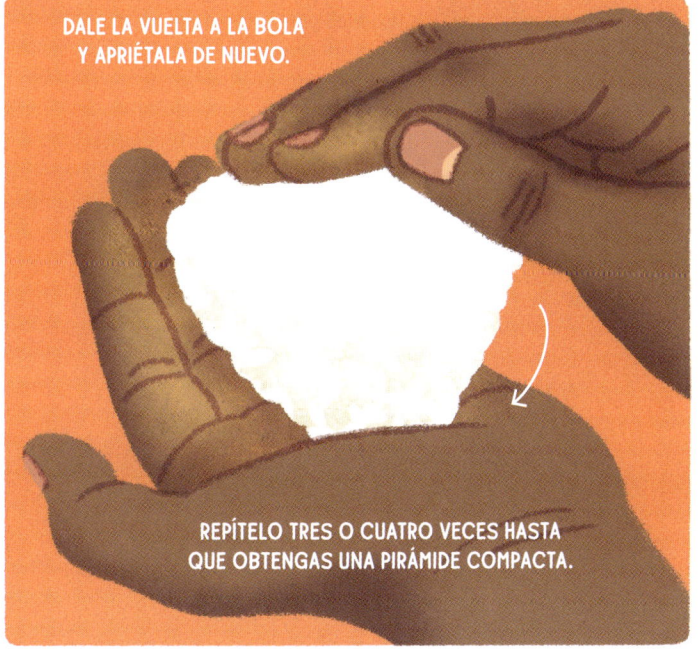

REPÍTELO TRES O CUATRO VECES HASTA QUE OBTENGAS UNA PIRÁMIDE COMPACTA.

CIRUELA SALADA

El auténtico onigiri japonés.

HOJA DE ALGA

SÉSAMO TOSTADO

ATÚN CON MAYONESA

Y tú, ¿cuál prefieres?

# Hacer risotto

**INGREDIENTES**
*para 4 personas*

1 cebolla

350 g de arroz para risotto

1 o 1,5 l de caldo de verduras

50 g de queso parmesano

**Para un risotto de verduras**

2 zanahorias ralladas

1 bol de guisantes

## El caldo de verduras

Guarda las peladuras de las verduras (si son ecológicas) en un táper en el congelador.

Cuando esté lleno, cuécelas con hierbas aromáticas 30 min.

Cuela el caldo y guárdalo en una botella.

Pelo las zanahorias y la cebolla. Corto la cebolla en dados y rallo las zanahorias.

Rehogo la cebolla en una cazuela con un poco de aceite de oliva.

Cuando el arroz haya absorbido casi todo el caldo, añado las zanahorias y los guisantes.

Añado el arroz y lo mezclo bien con el aceite y la cebolla.

Vierto un poco de caldo y lo cuezo a fuego lento, removiendo despacio, hasta que el líquido se absorba por completo.

Repito la operación hasta que el arroz esté blando.

20 min

Esparzo el parmesano rallado, remuevo y ¡listo!

¡CON LAS SOBRAS, PREPARA ARANCINIS!

Haz bolas con el risotto frío y empánalas (harina + huevo batido + pan rallado).

Fríelas en una sartén caliente con aceite.

# Hacer makis

**1** PREPARA EL ARROZ AVINAGRADO

Para hacer 3 makis, vierte en un bol 2 cdas. de vinagre de arroz, 2 cdas. de azúcar 2 cdtas. de sal

Remuévelo hasta que el azúcar y la sal se hayan disuelto.

Cuece 700 g de arroz (p. 86) y vierte la mezcla en el arroz caliente. Remuévelo sin que se estropeen los granos.

VINAGRE de ARROZ

AZÚCAR

SAL

SALSA de SOJA

¡Sírvelos con salsa de soja!

**CORTA EL MAKI EN RODAJAS**

de unos 2 cm de grosor. Humedece el cuchillo con un paño húmedo si el arroz está demasiado pegajoso.

**ENRÓLLALO CON LA AYUDA DE UN MAKISU**

o de film transparente. Sujeta bien el rollo. Moja con los dedos la tira de alga restante para pegarla al rollo.

# SUSHI

Deja que se enfríe el arroz.

**2 PREPARA EL RELLENO**

**Rellena los makis con** rodajas de pescado crudo **(muy fresco),** verduras crudas **cortadas en bastones (pepino, aguacate, zanahoria, lechuga...),** pollo frío, atún con mayonesa, huevos revueltos...

**3 MONTA Y ENROLLA**

En Japón, los makis se enrollan con una esterilla de bambú llamada makisu. Puedes sustituirla por film transparente.

**COLOCA EL RELLENO** en el borde.

**EXTIENDE UNA CAPA FINA DE ARROZ SOBRE LA HOJA.**

Deja una tira de 2 cm vacía en el borde superior.

**COLOCA UNA HOJA DE ALGA** sobre una esterilla de bambú.

91

# Fruta

# Aprendo a

# Distinguir las frutas de temporada

 BARCO  piña *  plátano *  mango *  papaya *  fruta de la pasión *  lichi

otoño

ciruelas

damascenas

membrillos · higos

almendras

manzanas · peras · caquis · avellanas

uva

naranjas · mandarinas · clementinas

limones · peras

caquis

naranjas

mandarinas

clementinas

manzanas

pomelos

invierno

Castañas
Asadas

# Preparar un kiwi

## Para comerlo con una cuchara

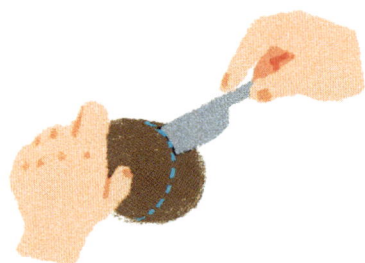

Corta el kiwi por la mitad con un cuchillo.

Vacíalo con una cuchara...

¡hasta que solo quede la piel!

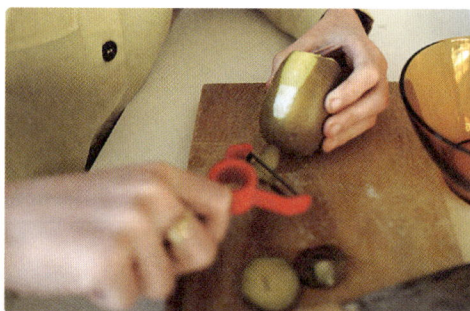

Córtale los extremos y pélalo con un pelador de verduras. Córtalo primero por la mitad a lo largo y después en rodajas.

# Cortar una manzana

¡Las peras se pelan igual!

**Corta la manzana en cuartos. Sujeta uno con una mano. Con la otra, pélalo empezando por el interior.**

## Para las tartas

Corta los cuartos en láminas finas.

## Para el crumble y la compota

Corta el cuarto por la mitad o en tercios a lo largo y después a lo ancho para obtener dados.

# Pelar cítricos

En rodajas,
¡para decorar!

## Naranjas

Ensalada de naranja

En un bol, mezcla:
3 naranjas en rodajas
1 puñado de pasas
1 chorrito de miel
1 pizca de canela.
¡Tachán!
¡Verás qué rica!

Córtale los extremos y hazle cuatro cortes en la piel, de arriba abajo. Introduce los dedos por debajo de la piel para retirarla. Quítale la parte blanca, es muy amarga. Corta la naranja en cuartos con un cuchillo ¡o con los dedos!

# Clementinas y mandarinas

Clava un dedo en la fruta para hacer un agujero, pélala y separa los cuartos de uno en uno. Quítale los hilos blancos.

# Pomelos

En un plato, corta el pomelo por la mitad a lo ancho.

*La piel no se come, ¡es muy amarga!*

Vacía cada triángulo con una cuchara... ¡y a comer!

Cuando hayas terminado, estrújalo con las manos sobre un vaso para extraer el zumo.

# Exprimir una naranja

¡Vuelve a exprimirla!

Corta la naranja por la mitad a lo ancho. Presiona cada mitad sobre el exprimidor, girando la mano de un lado a otro, hasta que ya no tenga zumo.

¡Quítale las pepitas antes de servirlo!

¡Contiene mucha vitamina C!

# Hacer una macedonia

Mira qué   tienes en casa y compra

 de temporada en la frutería.

Córtalas en  pequeños. Ponlas en

un . Exprime una  o un  y

el zumo en el . Aromatiza la

macedonia con , ,  o ramitas

de . Decórala con  de menta,

 o tus frutos secos favoritos. ¡Resérvala

en el 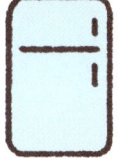 y sírvela muy fría!

# Cascar
# avellanas

Las avellanas se recogen en otoño.
¡Búscalas entre las hojas!

Colócalas en la parte de arriba
del cascanueces y aprieta bien.

Retira la cáscara
con los dedos.

Puedes quitarles la piel
marrón antes de comerlas.

# Hacer una carlota

¿SABÍAS QUE...?

La carlota se inventó en el siglo XIX en honor de la princesa Carlota de Inglaterra. En su origen era un dulce de brioche con compota. La nata y la fruta fresca las añadió más tarde un pastelero francés.

500 G — FRESAS

2 NARANJAS

1 LIMÓN

MOLDE PARA CARLOTA O TARTAS

300 ML — NATA para montar

100 G — AZÚCAR GLAS

1 SOBRE — Azúcar Vainillado

30 — BIZCOCHOS DE SOLETILLA

LAVO LAS FRESAS Y LES QUITO EL RABITO.

RESERVO UNA DECENA PARA DECORAR LA CARLOTA.

CORTO EL RESTO EN CUARTOS.

PREPARO LA CHANTILLÍ (P. 124).

CUANDO LA NATA ESTÁ BIEN FIRME, AÑADO EL AZÚCAR GLAS Y EL VAINILLADO.

LA BATO UNOS SEGUNDOS.

EXPRIMO LAS NARANJAS Y EL LIMÓN.

VIERTO EL ZUMO EN UN PLATO HONDO.

SUMERJO LOS BIZCOCHOS EN EL ZUMO...

¡1, 2, 3!

FORRO EL MOLDE CON LOS BIZCOCHOS, MUY JUNTOS.

PRIMERO EL FONDO, LUEGO LOS BORDES.

AÑADO UNA CAPA DE CHANTILLÍ,

DESPUÉS UNA DE FRESAS, SEGUIDA DE OTRA DE BIZCOCHOS EMPAPADOS DE ZUMO.

REPITO LA OPERACIÓN HASTA QUE EL MOLDE ESTÁ LLENO.

TERMINO CON UNA CAPA DE BIZCOCHOS.

COLOCO UN PLATO SOBRE EL MOLDE Y LO EMPUJO CON FUERZA.

COLOCO UN PESO ENCIMA.

¡Y A ESPERAR! DÉJALA 4 HORAS EN EL FRIGORÍFICO COMO MÍNIMO.

DESMOLDO LA TARTA ANTES DE SERVIRLA.

LA DECORO CON LAS FRESAS.

SUSTITUYE EL ZUMO POR SIROPE DE FRESA DILUIDO

CHANTILLÍ + MASCARPONE = NATA MÁS ESPESA

GALLETAS ROSAS DE REIMS = CARLOTA ROSA

# Hacer un crumble

El crumble es un postre inglés que consiste en una capa de fruta fresca cubierta por una masa de textura arenosa, ¡de ahí su nombre! En inglés, «to crumble» significa «desmenuzar».

**1**

**Precalienta el horno a 180 °C.**

**Pela y corta** 4 o 5 manzanas.

**Colócalas en una fuente untada con mantequilla.**

**2**

**Pesa y mezcla todos los ingredientes en un bol.**

150 g de harina
50 g de almendra molida
50 g de azúcar
100 g de mantequilla blanda

**3**
Mézclalo con los dedos hasta que tenga una textura arenosa.

**4**
Cubre las manzanas con la mezcla y hornéalo 40 min.

*Sírvelo caliente o frío con nata o helado de vainilla. Puedes sustituir las manzanas por la fruta que prefieras, ¡estará igual de bueno!*

# Hacer una tarta de manzana

**INGREDIENTES**
*para 8 personas*

| |
|---|
| 1 masa quebrada (p. 68) |
| 4 o 5 manzanas |
| 1 nuez de mantequilla |
| 1 cda. de azúcar |
| 1 cdta. de canela |
| 1 huevo, para pintar |

**1** Precalienta el horno a 180 °C.

**2** Enharina la superficie de trabajo.

**3** Estira hasta tener 4 mm de grosor.

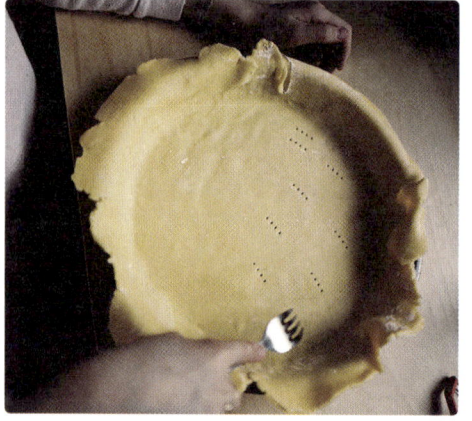

**5** Colócala en una fuente untada con mantequilla y pínchala con un tenedor.

**6** Coloca las manzanas y encima los daditos de mantequilla.

**7** Espolvorea con azúcar moreno y canela.

**8** Dobla los bordes hacia dentro.

**9** Píntala con yema de huevo batida.

**10** Hornéala unos 30 min.

Dóblala

**4** Levanta la masa con un rodillo.

**11** Desmóldala cuando esté fría.

# Rosetón
## la forma clásica de colocar la manzana

**1** Asegúrate de que la masa llega hasta el borde de la fuente y recorta o dobla lo que sobresalga.

**2** Puedes cubrir la base con compota, almendra molida o una mezcla de huevo batido y nata espesa.

**3** Coloca las rodajas de manzana muy juntas. Empieza por el borde.

**4** Coloca la segunda capa en dirección contraria.

**5** Espolvorea con azúcar glas o canela.

**109**

# Postres

## Aprendo a

# Hacer un cuatro cuartos

DERRITO LA MANTEQUILLA.

AÑADO EL AZÚCAR, LA HARINA Y LOS HUEVOS.

VIERTO LA MEZCLA EN UN MOLDE UNTADO CON MANTEQUILLA.

LO HORNEO A 180 °C.    Y ESPERO UNOS MINUTOS MÁS...    ¡CUIDADO! ¡QUEMA MUCHO!

LO DESMOLDO EN CUANTO SALE DEL HORNO.

¡GUAUUU! ¡INCREÍBLE!

SI SIGUES LA MISMA REGLA, PODRÍAS HACER UN 5/5.

¡MMM! ¡EL 5.º INGREDIENTE ES EL CHOCOLATE!

LO DERRITO CON LA MANTEQUILLA.

AHHH... ¡ME ENCANTAN LAS FRACCIONES!

# Hacer un brownie

**INGREDIENTES**
*para 8 personas*

225 g de chocolate negro

225 g de mantequilla con sal

225 g de azúcar

100 g de harina

5 huevos

**Para hacer un brownie crujiente**

120 g de nueces (elige las que prefieras)

Nueces
de Brasil

Nueces
pacanas

Nueces de
macadamia

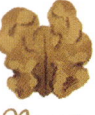
Nueces

*¡Para preparar
un delicioso tazón
de chocolate, añade leche
caliente en el cazo!*

**❶ Precalienta el horno a 200 °C. En un bol grande, bate enérgicamente los huevos con el azúcar.**

**❷ Trocea el chocolate en cuadrados y derrítelo con la mantequilla. Deja enfriar la mezcla y viértela en el bol.**

Deja que se enfríe antes
de desmoldarlo.

Corta el brownie en cuadraditos
y guárdalos en una caja de metal.

❸ Añade la harina poco a poco y después las nueces.

❹ Viértelo en una fuente untada con mantequilla o forrada con papel vegetal. Hornéalo 20 min. ¡No más!

# Hacer un bizcocho de yogur

Pongo en un  : un de yogur natural + frescos + un de no demasiado lleno + de + de + una pizca de + 1 sobre de . Mezclo todos los ingredientes con una  de madera.  la mezcla en un  untado con mantequilla. Lo introduzco en el

40 minutos a 180 °C. Saco el bizcocho con los  y lo .

# Hacer financiers

Precaliento el horno a 200 °C.

En un bol, mezclo:
125 g de avellanas o almendras molidas
240 g de azúcar glas
75 g de harina

Bato
6 claras de huevo
con un tenedor hasta obtener una espuma.

Añado
185 g de mantequilla derretida y las claras de huevo.

Lo mezclo hasta obtener una masa muy fina.

Puedes hacerlos también con otras frutas: manzanas, arándanos...

# Hacer un banana bread*

* ¡pan de plátano en inglés!

¡VAYA! LOS PLÁTANOS ESTÁN MUY FEOS...

¡NO NOS TIRES! ¡TRANSFÓRMANOS EN UNA TARTA DELICIOSA!

4 CDAS. DE MIEL

O SIROPE DE ARCE

+ 4 PLÁTANOS MUY MADUROS

CHAFADOS

+ 50 G DE AZÚCAR

+ 100 G DE MANTEQUILLA BLANDA

+ 4 HUEVOS

+ 225 G DE HARINA

+ 1 SOBRE DE LEVADURA

HORNEA A 160 °C.

55 min

¡Qué maravilla!

VIÉRTELO EN UN MOLDE UNTADO CON MANTEQUILLA.

MEZCLA

TODO.

# Hacer un banoffee pie *

* tarta de plátano con dulce de leche

*¡Puedes añadirle cacao en polvo o virutas de chocolate!*

**12 galletas de mantequilla (inglesas o bretonas)**
**50 g de mantequilla**

**❶**

**Desmenuza las galletas y mézclalas con la mantequilla.**

**Presiona la mezcla en la fuente con el dorso de una cuchara e introdúcela en el frigorífico.**

¡chas! ¡chas!

**1 bote de leche condensada azucarada (397 g) o 1 tarro pequeño de dulce de leche**

**❷**

**Vierte una capa espesa de dulce de leche sobre la base de galletas.**

### Dulce de leche

*Vierte la leche condensada en un cazo y caliéntala a fuego lento, removiéndola, hasta que se caramelice.*

Leche CONDENSADA

**3 o 4 plátanos**

**❸**

**Corta los plátanos en rodajas y colócalos encima del dulce de leche.**

**250 ml de nata líquida muy fría, para la chantillí**

**❹**

**Prepara una chantillí (p. 124) y extiéndela por los plátanos justo antes de servir.**

# Hacer arroz con leche

## INGREDIENTES
### para 6 personas

| |
|---|
| 120 g de arroz redondo |
| 1 l de leche entera |
| 500 ml de nata líquida |
| 140 g de azúcar |
| 2 vainas de vainilla o 2 sobres de azúcar vainillado |

Mezcla primero las vainas de vainilla con el azúcar para aromatizarlo.

Resérvate 1 hora y 15 min para prepararlo.

Dejo que el arroz hierva 2 min y lo escurro.

Vuelvo a ponerlo en la misma cazuela, añado la leche y lo remuevo.

# Montar chantillí

1. Deja un bol hondo en el frigorífico 30 min.

2. Vierte en el bol la nata para montar y el sobre de azúcar vainillado. ¡La nata debe estar muy fría!

AZÚCAR Vainillado

Nata para Montar Fluida

*Bátela con unas varillas. Muévelas de delante hacia atrás.*

3. Bátela hasta que se formen picos suaves. ¡Si la bates demasiado se cortará y obtendrás una mantequilla!

✗ ✓ ✗

## Chocolate belga

Con un chocolate a la taza.

## Gofres, helados...

Para añadir a tortitas y helados.

## Eton mess

Mezclado con fresas y trozos de merengue.

# Hacer una mousse de chocolate

**1. FUNDE**

200 G

UN TRUCO: AÑADE UNA NUEZ DE MANTEQUILLA

¡O UNA NUBE!

**2. SEPARA**

SAL

¡ECHA UNA PIZCA DE SAL PARA QUE LAS CLARAS QUEDEN A PUNTO DE NIEVE (FIRMES)!

DEJA QUE SE ENFRÍE Y VIÉRTELO SOBRE LAS YEMAS.

**3. MEZCLA**

**4. BATE**

MEZCLA LAS CLARAS CON EL CHOCOLATE CON UN MOVIMIENTO ENVOLVENTE.

**5. INCORPORA LAS CLARAS**

**6. ESPARCE**

VIRUTAS DE CHOCOLATE O RALLADURA DE NARANJA POR ENCIMA.

**7. ESPERA**

1 HORA EN EL CONGELADOR O 3 HORAS EN EL FRIGORÍFICO.

¡Dis-fru-ta!

# Hacer un brazo de gitano

SACO LA BANDEJA DEL HORNO Y COLOCO ENCIMA UN PAÑO LIGERAMENTE HÚMEDO,

LE DOY LA VUELTA Y RETIRO EL PAPEL.

SIN ESPERAR A QUE SE ENFRÍE, EXTIENDO EL RELLENO QUE ME APETECE, LLEGANDO HASTA LOS BORDES.

MERMELADA

CREMA DE CACAO CON AVELLANAS

MIEL

¡ENRÓLLALO ENSEGUIDA, SI NO SE PODRÍA ROMPER!

LO ENROLLO CON LA AYUDA DEL PAÑO DE COCINA.

LO ESPOLVOREO CON AZÚCAR GLAS

Y CORTO LOS EXTREMOS ANTES DE SERVIRLO, ¡QUEDA MÁS BONITO!

*Si lo envuelves con papel de aluminio se conservará varios días.*

*Versión navideña*

*Si lo recubres de chocolate y lo rellenas de chocolate o nata... ¡obtendrás un tronco de Navidad precioso!*

# Desayunos y meriendas

## Aprendo a

# Hacer pan

**INGREDIENTES**

500 g de harina de fuerza

150 g de masa madre
o 1/2 pastilla de levadura
fresca o 1 sobre
de levadura seca

10 g de sal

300 ml de agua templada

**La masa de pan tiene
que reposar bastante
rato, prevé toda la tarde
para prepararla.**

## ¿Masa madre
o levadura?

La masa madre es una mezcla
de harina y agua que se deja
fermentar varios días. Permite
que el pan suba y tenga
un aroma dulce.

Puedes sustituirla por
levadura fresca o seca.
En este caso, disuélvela con un
poco de agua o leche templada
antes de incorporarla
a la harina.

**SALIDA**

**1** AMASA BIEN.

**2** CÚBRELO.

**2 horas** Zzz zz

DÉJALO REPOSAR.

**3**

**4** ENHARINA UNA SUPERFICIE DE TRABAJO.

**12 horas**

**13** DÉJALO REPOSAR TODA LA NOCHE.

**14** HAZLE TRES CORTES.

**1 hora**

**15** HORNÉALO A 200 °C.

**LLEGADA**

**5** ESTIRA EL BORDE DE LA MASA.

**6** DÓBLALA HACIA EL CENTRO.

**12** TÁPALO Y REFRIGÉRALO.

**7** APLÁSTALA HASTA FORMAR UNA BOLA.

**11** COLOCA LA MASA EN EL MOLDE.

**10** VUELVE A LA CASILLA 4 Y REPITE LOS PASOS 5, 6, 7 Y 8.

**30 min**

**9** DÉJALA REPOSAR.

**8** REPITE 3 VECES LOS PASOS 5, 6 Y 7.

# Hacer brioche

500 g de harina

100 g de masa madre
o 1 sobre de levadura

35 g de azúcar

10 g de sal

75 g de mantequilla blanda

200 ml de leche

3 huevos (+ 1 batido, para pintar)

*Durante la cocción, coloca un recipiente con agua en el horno al lado del molde.*

**1** Mezcla todos los ingredientes en un bol, excepto la mantequilla.

**4** Levanta la masa y dóblala sobre sí misma. Hazlo varias veces.

**5** Corta la masa en 4 bolas.

② Amásala a mano o en un robot de cocina 15 min.

③ Añade la mantequilla en dados pequeños y amasa hasta que la mezcla esté blanda y elástica. Déjala reposar 1 hora.

Sácalo
del horno
y colócalo sobre
una rejilla.

⑥ Colócalas en un molde untado con mantequilla. Píntalas con huevo batido y déjalas reposar.

⑦ Hornéalo 30 min a 180 °C.

**133**

# Hacer torrijas

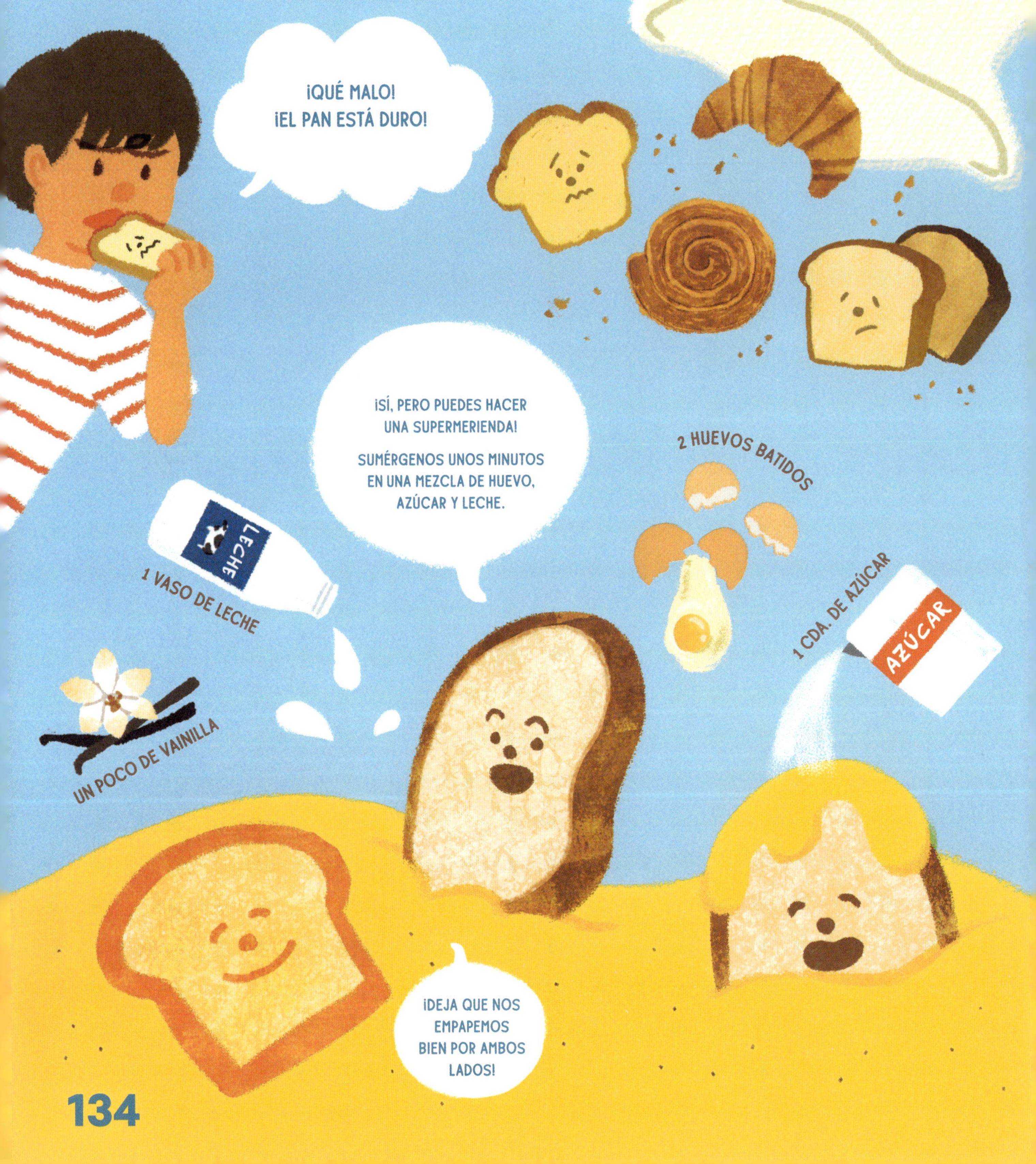

DORA LAS RODAJAS EN UNA
SARTÉN CALIENTE UNTADA CON
MANTEQUILLA (UNOS MINUTOS
POR CADA LADO).

## Torrijas saladas

¡Sustituye el azúcar
y la vainilla por queso
rallado para hacer
torrijas saladas!

DECÓRALAS CON AZÚCAR GLAS O CON
UN CHORRITO DE MIEL O SIROPE DE ARCE.
SÍRVELAS CON FRUTOS ROJOS
O UNA BOLA DE HELADO DE VAINILLA.

SE CONSERVARÁN
EN EL FRIGORÍFICO
24 HORAS.

# Hacer crepes

Derrito a fuego muy lento 60 g de mantequilla en 1/2 l de leche.

En un robot de cocina, echo 200 g de harina 40 g de azúcar 4 huevos.

Lo trituro hasta que la masa quede fina.

Añado la leche y la mantequilla y lo bato.

*Puedes aromatizar la masa como prefieras.*

Vierto un poco de masa en la sartén y la inclino un poco para que se extienda bien.

Cuando se despegan los bordes, le doy la vuelta con la espátula.

¡La lanzo para darle la vuelta!

¡Bravo!

# Hacer porridge

Para 4 boles, pongo en un cazo:
160 g de copos de avena
600 ml de leche
1 vaso pequeño de agua

Cuezo a fuego lento, removiendo todo el rato.

Cuando la mezcla está pegajosa, la vierto en los boles.

Añado un poco de leche fría...

... ¡y una cucharada de azúcar o miel!

# Hacer granola

Está buenísima con yogur o con compota...

**❶ Vierte los ingredientes húmedos:**

2 cdas. de aceite
100 ml de miel
o sirope de arce o de agave
1/2 cdta. de extracto de vainilla
1 vaso pequeño de zumo de naranja
o de manzana

**❷ Añade los ingredientes secos:**

160 g de copos de avena
50 g de semillas y frutos secos
50 g de frutos secos
1 pizca de sal

Haz tu granola con lo que más te guste: coco rallado, pipas de calabaza, anacardos, almendras, avellanas, orejones, pasas, arándanos, higos...

**❸ Mezcla.**

+

=

Para que la granola quede bien tostadita, remueve la mezcla durante la cocción.

Guarda la mezcla fría en un caja de metal.

**❹ Esparce la granola sobre una bandeja de horno y hornéala 45 min a 120 °C.**

# Hacer galletas

**INGREDIENTES**
*para 25 galletas*

| | |
|---|---|
| 200 g de mantequilla | 200 g de pepitas de chocolate |
| 250 g de azúcar moreno | 1 cdta. de bicarbonato |
| 80 g de azúcar | sódico |
| 350 g de harina | 1 cdta. de levadura |
| 1 huevo | 1/2 cdta. de sal |

*Pepitas de chocolate negro o blanco, ¡o de ambos!*

*Para terminar, añade las pepitas*

❶ **Mezcla los ingredientes (excepto el chocolate) en un bol con una cuchara de madera o en un robot de cocina.**

❷ **Deja que repose en un lugar fresco 1 hora. Forma bolas y colócalas en la bandeja. Hornéalas 15 min a 180 °C.**

# Hacer bollos escoceses

**INGREDIENTES**
*para 8 bollos*

225 g de harina
con levadura

1 cdta. de levadura seca

1/2 cdta. de sal

55 g de mantequilla

25 g de azúcar

125 ml de leche entera

1 puñado de pasas

1 huevo, para pintar

*Secreto n.º 1*

La aireación
es muy importante.
Permitirá que la masa
suba bien cuando
se hornee.

*Secreto n.º 2*

Basta con remover
la leche con la hoja
del cuchillo.
¡No la amases!

**Precalienta el horno a 210 °C. Mezcla la harina con el azúcar, la sal y la levadura. Desmenuza la mantequilla con los dedos y airea la mezcla.**

**Añade la leche y las pasas y forma una bola. Manipúlala lo menos posible. Enharina una superficie de trabajo.**

**3**

Aplasta la masa hasta que tenga un grosor de unos 2 cm. Corta los bollitos con un cortapastas.

**4**

Píntalos con huevo batido. Hornéalos 15 min. Sírvelos con mantequilla y mermelada de fresa. En Escocia, en vez de mantequilla se añade nata líquida ¡Mmm, qué ricos!

# ¡Sorpresas!

## Aprendo a

# Hacer sirope de fresa

**1** Lava 1 kg de fresas, retírales los rabitos y córtalas por la mitad.

**2** Pon las fresas en una cazuela con 1 litro de agua y 400 g de azúcar.

**3** Cuécelas durante unos minutos.

**4** Cuela el sirope caliente.

**5** Viértelo en una botella de cristal limpia. Guárdalo frío.

## Helado

Mezcla 1/4 parte de sirope con 3/4 de agua, viértelo en moldes para helados y congélalos.

# Hacer sirope de menta

**1** **Pon en un cazo** 100 g de hojas de menta, 400 g de azúcar **y** 1 litro de agua.

**2** **Cuécelo unos minutos.**

**3** **Añade** el zumo de un limón **al sirope caliente y remuévelo.**

**4** **¡Cuélalo!**

**5** **Viértelo en una botella limpia y guárdalo frío.**

**6** **¡Añádele unos hielos!**

# Hacer galletas de figuritas

*Para 30 galletas*

**①**
En un bol, casca
<u>1 huevo</u> y **bátelo
con un tenedor.**

**②**
En otro bol, mezcla
<u>125 g de mantequilla con sal</u>
blanda y
<u>125 g de azúcar.</u>

**③**
Cuando tenga
una consistencia
cremosa, incorpora
el huevo batido.

**④**
Añade poco a poco
<u>250 g de harina</u>
y aplasta los grumos.

**⑤**
Forma una bola
y déjala reposar 1 h
en un lugar fresco.

**⑥**
Extiende la masa sobre
una superficie enharinada
hasta que tenga un grosor
de 5 mm.

**⑧**
Con los restos de masa,
vuelve a formar una bola
para hacer más galletas.

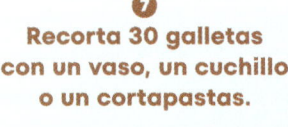

**⑦**
Recorta 30 galletas
con un vaso, un cuchillo
o un cortapastas.

# Glaseados

**LIMÓN**

El zumo de medio limón
+ azúcar glas
+ agua caliente.

**MERMELADA**

Extiende una capa fina de
mermelada sobre la galleta caliente
y coloca otra galleta encima.

**CHOCOLATE**

Derrite el chocolate
en un cazo y baña
las galletas de chocolate.

Antes de meterlas
en el horno, las pinto
con yema de huevo
para darles brillo.

**9**
Precalienta el horno
a 150 °C. Coloca
las galletas en
la bandeja.

**10**
Hornea en la parte
superior del horno
10 min.

**10 min**

Guarda las galletas en
una caja de metal
cerrada.

# Hacer una casa de pan de jengibre

 Recorta estas formas en un papel:

**Fachada**
8 x 12 cm

**Pared**
4,5 x 8 cm

**Techo**
9 x 13 cm

## 1

**A fuego lento, derrite**
110 g de mantequilla
+ 200 g de azúcar moreno
+ 100 g de sirope de agave
**luego añade**
1 huevo batido.

>>>

## 3

**Enharina una superficie de trabajo. Amasa la mezcla hasta obtener una bola lisa.**

**Introdúcela en el frigorífico 2 horas.**

>>>

## 4

**Sobre una superficie enharinada estírala con un rodillo hasta tener 5 mm de grosor.**

**Recorta cada forma 2 veces.**

**Hornéalas 9 min a 180 °C.**

>>>

## 5

**Para preparar el glaseado, mezcla**
200 g de azúcar glas
+ 2 o 3 cdas. de zumo de limón.

**Ponlo en una manga pastelera.**

>>>

## 2

**Mezcla**
350 g de harina
+ 1/2 cdta.* de sal
+ 2 cdtas. de canela
+ 1 cdta. de bicarbonato
+ 1 cda. de jengibre.

**Añádelo a la
mantequilla derretida.**

>>>

## 6

**Utiliza el glaseado
como pegamento y
¡monta tu casa!**

>>>

* cdta. = cucharadita y cda. = cucharada

# Hacer pasteles divertidos

**INGREDIENTES**

- 1 cuatro cuartos
- 8 barritas Kinder Maxi
- 8 barquillos
- 2 gofres de chocolate
- 2 palillos de madera

*¡Decóralo con figuritas de piratas!*

④

Clava los 2 palillos en la cubierta y recorta 3 hojas de papel para hacer las velas. ¡Tierra a la vista!

③

Corta un gofre en forma de triángulo y colócalo en la parte delantera para hacer la proa. Coloca el otro en la parte trasera.

①

Aplasta y recorta el bizcocho, redondeado por detrás y en punta por delante.

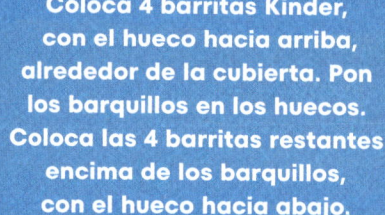

②

Coloca 4 barritas Kinder, con el hueco hacia arriba, alrededor de la cubierta. Pon los barquillos en los huecos. Coloca las 4 barritas restantes encima de los barquillos, con el hueco hacia abajo.

## INGREDIENTES

1 bizcocho redondo
de yogur

tartaletas de frutas

5 cucuruchos de helado

4 barritas de Toblerone

Fingers de chocolate

1 galleta La Barquette

caramelos de fresa Tagada

chocolate derretido

*Decora el castillo
con caramelos
y banderas.*

### 1

**LAS TORRES
Y EL TORREÓN**
Con un vaso
pequeño, corta
4 semicírculos
en el bizcocho.

Apila las tartaletas
en los huecos.

### 2

**LAS PAREDES**
Corta los fingers
por la mitad. Pégalos
alrededor del bizcocho
con chocolate derretido.

### 3

**LA PUERTA**
Corta una galleta
por la mitad.

### 4

**LAS ALMENAS**
Coloca
los Toblerone
en los laterales.

### 5

**EL TECHO**
Recorta la base de
los cucuruchos para
que quede recta
y colócalos sobre
las tartaletas.

**153**

# Hacer rosas de chocolate

**Derrite**
150 g de chocolate negro
+ 100 g de mantequilla.

**Vierte la mezcla sobre**
100 g de corn flakes.

**Remuévelo despacio.**

Con una cuchara, echa montoncitos
en una bandeja de horno. Déjalos enfriar.
Guarda las rosas de chocolate en el frigorífico.

# Hacer crispy squares*

* barritas de cereales

**①** **Derrite** 300 g de nubes **y** 45 g de mantequilla. **Vierte la mezcla sobre** 180 g de rice crispies **y remueve suave.**

**②** **Échalo sobre una fuente forrada con papel de horno.**

**③** **Aplasta con el dorso de la cuchara (con aceite, para que no se pegue).**

**④** **Cuando se haya enfriado, desmóldalo y córtalo en cuadrados.**

# Hacer chicles

## INGREDIENTES

1 cda. de gluten de trigo

50 ml de sirope (por ejemplo, de fresa)

1/2 cda. de glicerina

Colorante (opcional)

Mezcla todos los ingredientes.

Amásalos bien.

Estira la masa y córtala en rectángulos pequeños. Déjala secar 2 días.

# Hacer piruletas de miel

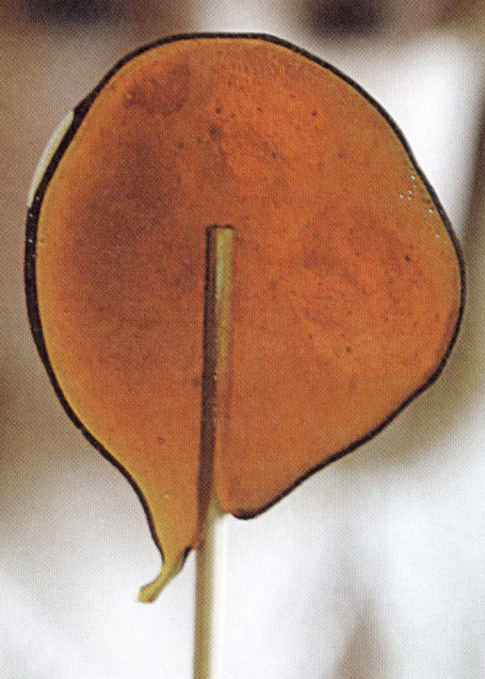

**INGREDIENTES**

125 g de azúcar

1 cdta. de agua

3 cdas. de miel

Corta las brochetas por la mitad y colócalas sobre papel vegetal.

Cuece los ingredientes en un cazo hasta que tengan un tono dorado.

Vierte el caramelo sobre las brochetas y déjalo enfriar.

# Hacer palomitas

❶ **En un cazo, vierte** un poco de aceite y 3 granos de maíz crudo para palomitas, **tápalo y caliéntalo unos minutos.**
**¡El aceite estará caliente cuando el maíz haga «pop»! Añade** 80 g de maíz. **Tápalo y muévelo.**

POP POP POP POP POP POP POP POP

❷ **Baja el fuego y abre un poco la tapa para que salga el vapor. ¡Vamos!**

❸ **Cuando ya no oigas «pop», apaga el fuego y añade, a tu gusto,** 1 pizca grande de sal **o** 2 cdas. de azúcar. **Remuévelo bien ¡y al ataque!**

PARA ESTA RECETA,
¡PIDE AYUDA A UN
ADULTO PARA NO
QUEMARTE!

UN CONSEJO
GUARDA EL MAÍZ CRUDO
EN UN RECIPIENTE
HERMÉTICO PARA EVITAR
QUE SE HUMEDEZCA.

PALOMITAS
de caramelo

Haz caramelo (p. 24).
Cuando esté listo, añade las palomitas
y remuévelas con una espátula de madera.

Pásalas directamente
a una bandeja de horno
y déjalas enfriar.

# Hacer crema de cacao

SALIDA

| 3 CDAS. | 3 CDAS. | 220 G | 1 PIZCA |
|---------|---------|-------|---------|
| AZÚCAR | Cacao en polvo | avellanas | SAL |

**1** PREPARA LOS INGREDIENTES.

**2** TUESTA LAS AVELLANAS EN EL HORNO 10 MIN A 180 °C.

**VE DIRECTAMENTE A LA CASILLA 7**

SI TUS AVELLANAS YA ESTÁN PELADAS.

**3** COLÓCALAS DIRECTAMENTE SOBRE UN PAÑO DE COCINA.

**8** AÑADE EL AZÚCAR, EL CACAO Y LA SAL.

**9** BÁTELO.

**10** VIERTE LA MEZCLA EN UN TARRO HERMÉTICO.

**LLEGADA**

SE CONSERVARÁ 1 MES EN EL FRIGORÍFICO.

*Crema de cacao con avellanas casera*

**7** PON LAS AVELLANAS EN UN ROBOT DE COCINA.

**VUELVE A LA CASILLA 4**

HASTA QUE LAS AVELLANAS ESTÉN PELADAS.

**6** CONTINÚA QUITÁNDOLES LA PIEL.

**5** FRÓTALAS.

**4** ENVUÉLVELAS BIEN.

# Hacer mermelada

Lavo y deshueso 1 kg de albaricoques.

Los mezclo con 800 g de azúcar y los dejo macerar toda la noche.

Zzz 12 horas zz

Los cuezo a fuego lento 20 min. Añado el zumo de un limón y los dejo cocer otros 10-15 min.

30 min

Trituro la mermelada y la vierto en tarros esterilizados. Los cierro y les doy la vuelta.

¡Así la mermelada se conservará mucho tiempo!

¡Decora los tarros y regálalos!

# Hacer tarros
## DE AROMÁTICAS

Romero

Cebollino

Laurel

Tomillo

Albahaca

Estragón

Salvia

Perejil

Menta

### Plantas con ramas

Prepara ramitos de tomillo, romero, laurel y estragón. Sécalos boca abajo. Retira las hojas secas con los dedos.

### Plantas con hojas

Lava las hojas de albahaca, perejil, menta y salvia y sécalas con cuidado. Separa las hojas y déjalas secar al sol una semana.

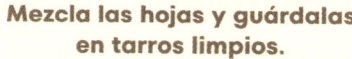

Mezcla las hojas y guárdalas en tarros limpios.

### Versión exprés

Lava y corta las hojas.

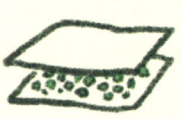

Colócalas entre dos hojas de papel de cocina y caliéntalas en el microondas 1 o 2 min hasta que estén secas.

# PIMIENTOS EN ACEITE

Lava los pimientos y trocéalos. Sazónalos con sal, pimienta y aceite de oliva. Hornéalos 30 min a 180 °C. Llena los tarros con los pimientos asados (sin el aceite de cocción) y cúbrelos con aceite crudo para conservarlos.

¡Decora los tarros y regálalos!

Cebollino
Albahaca Tomillo

Pimientos en aceite

Crema de cacao con avellanas casera

Mermelada de frutos rojos

# Preparar Halloween

**1** Sujeta la calabaza con una mano y córtale la parte de arriba.

**2** Introduce una cuchara en su interior para vaciarla.

**3** Ve dándole la vuelta para retirar las semillas y después la pulpa.

**4** Guarda la pulpa en un bol para cocinarla.

**5** Dibújale dos ojos y una boca.

**6** Córtalos siguiendo tu dibujo.

7 **Coloca una vela dentro y enciéndela (pásale la cerilla por la boca).**

¡Éxito asegurado!

# Tabla de conversiones

SI NO TIENES UNA BÁSCULA, UTILIZA:

| | UNA TAZA DE CAFÉ | UN VASO | UNA TAZA | UNA CUCHARADITA | UNA CUCHARADA |
|---|---|---|---|---|---|
| | | | | cucharilla pequeña | cuchara grande |
| SÉMOLA | 45 g | 130 g | 190 g | 7 g | 15 g |
| AZÚCAR | 50 g | 140 g | 200 g | 5 g | 12 g |
| ARROZ | 45 g | 130 g | 200 g | SAL → 4 g | 12 g |
| HARINA | 30 g | 90 g | 140 g | MANTEQUILLA → un dado 8 g | una nuez 18 g |
| LECHE AGUA | 50 ml | 150 ml | 250 ml | NATA → 15 ml | 40 ml |

# Índice alfabético de recetas

**169**

# Glosario

**besamel** bechamel
**beicon** tocino
**bol** tazón, recipiente
**cacahuete** cacahuate, maní
**calabacín** calabacita, zapallo
**cebollino** cebollín, xonacate
**chafar** aplastar, apachurrar
**claras montadas** claras batidas
**crepe** crepa
**ecológico** orgánico
**empanar** empanizar
**frigorífico** nevera, refrigerador
**guisante** chícharo, arveja
**judías verdes** ejotes, porotos, vainitas
**lima** limón verde
**limón** limón amarillo, Eureka
**loncha** rebanada
**melocotón** durazno
**mollet** sancochado
**nata** crema
**patata** papa
**picatoste** crutón
**piruleta** paleta

**pomelo** toronja
**porridge** avena cocida
**raviolis** ravioles, ravioli
**remolacha** betabel
**rehogar** sofreír, saltear
**repollo** col
**rulo** rollo
**sésamo** ajonjolí
**soja** soya
**sirope** jarabe
**tabulé** tabule
**ternera** res (en México, ternera se refiere a la cría hembra de la vaca, particularmente la que tiene menos de cuatro meses de nacida)
**tomate** jitomate
**tortilla** *omelette* o tortilla de huevo (para evitar la confusión, en México, con la tortilla de maíz).
**tostada** pan tostado (para evitar la confusión con la tortilla de maíz tostada)
**varilla** globo
**yogur** yogurt
**zumo** jugo

DE LA EDICIÓN EN ESPAÑOL
Servicios editoriales: Cillero & de Motta
Traducción: Elena Aranaz y Luis de Manuel,
con la colaboración de Claudia Itzkowich
Coordinación de proyecto: Lakshmi Asensio
Dirección editorial: Elsa Vicente

Publicado por Dorling Kindersley Limited
20 Vauxhall Bridge Road, SW1V 2SA
Londres, Reino Unido

Parte de Penguin Random House

De la edición francesa original:
© Les Arènes, París, 2022
Título original: *Je sais cuisiner*
*1000 gestes pour devenir autonome*
Fotografías: © Nina Davidson
Ilustraciones: © HifuMiyo
Edición y concepto: Seymourina Cruse
y Victoria Scoffier
Dirección artística y realización: Mélina Bourgoin
Revisión: Audrey Guillemet y Isabelle Paccalet
Fotograbado: Axiome

© Traducción española:
2025 Dorling Kindersley Limited
Primera edición: 2025
001-350704-Apr/25

ISBN 978-0-5939-7150-5

Impreso y encuadernado en China

www.dkespañol.com

MIXTO
Papel | Apoyando la
silvicultura responsable
FSC™ C018179

ESTE LIBRO SE HA IMPRESO CON PAPEL
CERTIFICADO POR EL FOREST STEWARDSHIP
COUNCIL™ COMO PARTE DEL COMPROMISO
DE DK POR UN FUTURO SOSTENIBLE.
PARA MÁS INFORMACIÓN, VISITA
WWW.DK.COM/UK/INFORMATION/SUSTAINABILITY

### HifuMiyo, ilustradora,

nació en Hiroshima, Japón. Reside en Francia desde 2010, donde disfruta cocinando platos típicos japoneses (como los *onigiris*) con su hija Midori, de 5 años. Realizó las ilustraciones de *Yo lo sé hacer*, publicado por Thule Ediciones, S. L. en 2023. También trabaja como periodista y publicista. Puedes ver sus trabajos en Instagram: @hifumiyo1234ilustration.

•

### Nina Davidson, fotógrafa,

vive en Escocia con su marido, Mikey, sus tres hijas, Ada, Colette y Nicole, y su perro Loup. Abrió un bistró en Edimburgo hace ya diez años y ha sabido transmitir a sus hijas el gusto por la cocina casera desde muy pequeñas. Publica regularmente sus imágenes en Instagram: @petiteschoses_.